editora
CLÉOFAS

Scott & Kimberly Hahn

TODOS OS CAMINHOS LEVAM A ROMA

Nossa jornada até o catolicismo

Tradução de
Rafael Nunes Godinho

editora CLÉOFAS

ECCLESIAE

Todos os caminhos levam a Roma: Nossa jornada até o catolicismo
Scott & Kimberly Hahn
1ª edição — janeiro de 2022 — CEDET
Título original: *Rome Sweet Home. Our Journey to Catholicism*. San Francisco, CA: Ignatius Press, 1993.

Os direitos desta edição pertencem ao
CEDET — Centro de Desenvolvimento Profissional e Tecnológico
Av. Comendador Aladino Selmi, 4630 — Condomínio GR2, módulo 8
CEP: 13069-096 — Vila San Martin, Campinas/SP
Telefone: (19) 3249-0580
e-mail: livros@cedet.com.br

Editor:
Verônica van Wijk Rezende

Tradução:
Rafael Nunes Godinho

Revisão:
Telma Regina Matheus

Preparação de texto:
Fabrício Shammass

Diagramação:
Renan Franciscon Marques

Capa:
Nelson Provazi

Leitura de provas:
Juliana Coralli
Lucas Falango
Natalia Ruggiero

Conselho editorial:
Adelice Godoy
César Kyn d'Ávila
Silvio Grimaldo de Camargo

ECCLESIAE – www.ecclesiae.com.br   editora CLÉOFAS

Sumário

PREFÁCIO

Entre as estrelas belas e brilhantes do firmamento de esperança para os nossos dias de desespero está este casal, Scott e Kimberly Hahn, e sua história de vida e conversão. É uma das histórias cada vez mais numerosas que parecem surgir hoje na Igreja, nos Estados Unidos, como flores de açafrão brotando em meio à neve primaveril.

Cada caso de conversão é diferente — como flocos de neve, como digitais. Mas todos eles são dramáticos. Só uma história é mais dramática do que a conversão à Igreja de Cristo: a conversão inicial ao próprio Cristo. Mas esses dois dramas — tornar-se cristão e tornar-se católico — são dois passos do mesmo processo e na mesma direção, como nascer e crescer. Este livro ilustra bem essa verdade.

Por causa do drama intrínseco desse assunto — a busca do homem por seu Criador e a deste por aquele — *toda* história de conversão vale a pena ser ouvida. Mas nem todas nos cativam e nos arrastam como um rio poderoso, como esta. Consigo pensar em quatro razões para a atração irresistível deste livro.

CAPÍTULO 1

Do berço ao Cristo

Scott: Sou o mais novo de três filhos de Molly Lou e Fred Hahn. Batizado na Igreja Presbiteriana, cresci em um lar que era protestante só de nome. A igreja e a religião tinham uma função pequena na minha vida e na de minha família, e, mesmo assim, mais por razões sociais do que por quaisquer convicções profundas.

Lembro-me da última vez em que fui à igreja que freqüentávamos. O ministro pregava a respeito de suas dúvidas sobre o nascimento virginal de Jesus e sua Ressurreição corporal. Eu simplesmente me levantei, no meio do sermão, e fui embora dali. Lembro-me de pensar: não sei bem no que acredito, mas ao menos sou honesto o suficiente para não me levantar e atacar as coisas que supostamente deveria ensinar. Eu também me perguntava: por que o homem simplesmente não deixa seu ministério na Igreja Presbiteriana e vai para onde suas crenças o levam? Mal sabia que testemunhara um presságio do meu próprio futuro.

O que quer que fizesse, eu o fazia com paixão, fosse certo ou errado. Adolescente típico, perdi todo o interesse pela igreja e encantei-me pelo mundo. Como resultado, logo me meti em grandes problemas. Rotulado como delinqüente, tive que me apresentar ao juizado de menores. Confrontado com a sentença de um ano por diversas infrações, em um centro de detenção, praticamente menti para me livrar daquela encrenca e, então, conseguir seis meses de liberdade condicional. Diferente do meu melhor amigo, Dave, senti medo ao perceber até que ponto as coisas haviam chegado. Compreendi que aquela realidade precisava mudar. Minha vida estava sendo conduzida rapidamente ladeira abaixo, e eu estava fora de controle.

Quanto a Dave, percebi que estava indiferente. Sabia que ele era católico, mas, quando se gabou de mentir para o padre em uma confissão, achei já ter ouvido o suficiente. Pense só num caso de hipocrisia! Tudo o que pude dizer foi: "Dave, ainda bem que nunca precisarei confessar os meus pecados para um padre". Mal sabia eu.

No meu primeiro ano de ensino médio, o Senhor trouxe para a minha vida um estudante universitário chamado Jack. Ele era líder da Young Life, um ministério para-eclesiástico fundado para partilhar o Evangelho com jovens problemáticos e distantes da igreja, como eu e meus amigos. Jack se tornou um bom amigo e nosso relacionamento significou muito para mim. Ele jogava basquete e saía conosco depois da escola e, então, com sua *van*, nos levava de carona para casa.

Depois de me conhecer, Jack me convidou para um encontro da Young Life. Eu gentilmente respondi: "Grato; mas não, obrigado". Não pretendia ir a nenhuma reunião religiosa, mesmo que não fosse em uma igreja.

Logo em seguida, Jack mencionou que certa garota, chamada Kathy, estaria presente no encontro. Ele devia saber que Kathy era a garota que, na época, eu estava paquerando. Respondi: "Vou pensar no assunto". Ele prosseguiu, dizendo que um dos melhores guitarristas de Pittsburgh, um colega chamado Walt, tocava nos encontros e depois ficava na área para tocar com eventuais guitarristas interessados. Naquele ano, como Jack bem sabia, a guitarra havia se tornado praticamente a minha religião. Pelo menos agora eu teria um bom pretexto junto aos meus amigos para ir à Young Life.

Então fui. Conversei com Kathy por um tempo e improvisei com Walt, que era realmente incrível na guitarra. Ele até me mostrou alguns truques. Na semana seguinte, lá estava eu de volta — e na próxima e na outra também.

A cada encontro, Jack fazia uma palestra, na qual dava vida a uma das histórias do Evangelho sobre Jesus. Em seguida, nos desafiava com a mensagem fundamental do Evangelho: somos pecadores necessitados de salvação, e Cristo morreu na Cruz para pagar por nossos pecados. Tínhamos que escolhê-Lo como nosso Senhor e Salvador pessoal para sermos salvos — não era algo automático. Eu ouvia, mas não estava muito impressionado.

Cerca de um mês depois, Jack me pediu para ir a um retiro. Eu disse: "Não, obrigado, tenho outros planos!". Então ele me disse que Kathy estaria lá... durante todo o fim de semana. Era um cara esperto. Meus "outros planos" podiam esperar.

No retiro, o palestrante nos apresentou o Evangelho de um modo simples, mas desafiador. Na primeira noite, ele intimou: “Dê uma olhada na Cruz. E, se você estiver tentado a tratar seus pecados com leviandade, quero que você a olhe com um olhar fixo e demorado”. Ele me fez perceber, pela primeira vez, que, sim, foram meus pecados que puseram Jesus na Cruz.

Na noite seguinte, ele nos desafiou de outro modo, dizendo: “Se você estiver tentado a tratar o amor de Deus com leviandade, olhe novamente para a Cruz, porque é o amor de Deus que levou Cristo para lá, por você”. Até aquele momento, pensava no amor de Deus como algo sentimental. Mas a Cruz pode ser tudo, menos sentimental.

O palestrante então nos chamou para assumir um compromisso com Cristo. Vi muitos dos participantes ao meu redor responderem ao chamado, mas me mantive retraído. Pensei: “Não quero ser tomado pela emoção. Vou esperar. Se isso tudo for verdade esta noite, também o será daqui a um mês”. Então fui para casa, postergando qualquer decisão de entregar minha vida a Cristo.

Eu havia comprado dois livros no retiro. Certa noite, um mês depois, li *Know Why You Believe* [Saiba por que você crê], de Paul Little, e partes de *Mero cristianismo*, de C. S. Lewis. Esses livros responderam muitas de minhas perguntas sobre assuntos como a evolução, a existência de Deus, a possibilidade de milagres, a Ressurreição de Jesus e a confiabilidade das Escrituras. Por volta das duas horas da manhã, apaguei a luz, me ajeitei na cama e rezei: “Senhor Jesus, sou um pecador. Creio que morrestes para me salvar. Quero vos dar a minha vida neste momento. Amém”.

Adormeci. Não havia coral angélico, toques de trombetas, nem mesmo ondas de arrepio. Tudo parecia normal; mas, na manhã seguinte, quando vi os dois livros, lembrei-me de minha decisão e oração. Sabia que algo estava diferente.

Meus amigos também repararam que algo havia mudado. Meu melhor amigo, Dave, um dos colegas mais populares da escola, descobriu que eu não estava mais querendo usar drogas. Levou-me para um canto e disse: "Scott, sem querer ofender, mas não queremos mais você andando conosco. Eu e o pessoal achamos que você é da polícia".

Falei: — Poxa, Dave, você sabe que não sou da polícia.

— Bem, não sabemos o que você é, mas você mudou e não queremos mais você por perto. Boa sorte! — E foi embora.

Fiquei chocado. Cerca de um mês após me comprometer com Cristo, me vi sozinho e sem amigos no colégio. Senti-me traído. Voltei-me para Deus e disse: "Senhor, dei a minha vida por vós, mas retirastes os meus amigos. Que tipo de acordo é esse?".

Embora na época eu não o soubesse, Deus estava me chamando a sacrificar algo que estava atrapalhando o meu relacionamento com ele. Foi difícil e devagar, mas, nos dois anos seguintes, desenvolvi amizades sólidas, reais e verdadeiras.

Antes de terminar a escola secundária, vivenciei o poder transformador da graça de Deus na conversão. Ao longo do ano seguinte, experimentei um derramamento do Espírito Santo de modo pessoal e transformador. Como resultado, adquiri um apetite insaciável pelas Escrituras. Apaixonei-me perdidamente pela Palavra de Deus — o guia inequívoco e infalível da nossa vida como cristãos — e pelo estudo da teologia.

Dediquei os últimos dois anos do ensino médio a tocar guitarra e a estudar as Escrituras. Jack e seu amigo Art me ensinavam sobre elas. Art até me levou para algumas de suas aulas de seminário com o Dr. John Gerstner,[1] no meu último ano.

Concluí que as figuras da história cristã que mais me atraíam — e aquelas sobre as quais Jack e Art sempre falavam — eram os reformadores protestantes Martinho Lutero e João Calvino. Primeiro estudei como Lutero redescobriu o Evangelho, ou assim eu pensava, separando-se completamente da Igreja Católica. Comecei a devorar as suas obras.

Como conseqüência, tornei-me bastante convicto das minhas idéias anticatólicas. Eu estava tão firmemente convencido que, para a aula de inglês da professora Dengler, no ensino médio, decidi escrever meu artigo de pesquisa avançada sobre as visões de Lutero. Eu tinha, portanto, certa missão de corrigir e libertar os católicos do legalismo antibíblico da justificação pelas obras. Lutero me convencera de que os católicos acreditavam estar salvos pelas suas obras, mas que a Bíblia ensinava que a justificação se dava exclusivamente pela fé, ou *sola fide*.

Lutero uma vez declarou, no púlpito, que ele poderia cometer adultério uma centena de vezes por dia e isso não afetaria a sua justificação diante de Deus. Obviamente, tratava-se de uma afirmação retórica, mas teve impacto sobre mim. E compartilhei isso com muitos de meus amigos católicos.

---

[1] John Gerstner (1914–1996) foi professor de história da Igreja no Seminário Teológico de Pittsburg e no Seminário Teológico de Knox, Estados Unidos — NE.

De repente, sua expressão facial mudou. — Por que você veio aqui esta noite?

— Apenas para dizer adeus e boa sorte.

— Mas por que esta noite?

— Não sei. Ei, eu o fiz perder algo importante?

Olhei para o corpo volumoso de um cara que fora tão atlético, engraçado e popular, e sua voz tremia. — Quando você chegou, eu estava me aprontando para ir... — Ele alcançou a sua bolsa e puxou, de dentro dela, 2,5 metros de corda, com um laço em uma das pontas. — Eu estava indo me enforcar. Nesta mesma tarde, subi em uma árvore, no velho pomar de maçãs, me preparando para fazer isso, e duas meninas andavam por ali. Mas pensei: "Já arruinei a minha vida, por que arruinar a delas?". Então decidi fazer a coisa esta noite, depois que escurecesse. Eu estava a caminho de lá, quando você chegou.

Ele começou a chorar e me pediu para rezar por ele. Nós nos abraçamos e orei por ele ali mesmo. Enquanto deixava a sua casa, notei o crucifixo pendurado na parede, perto da porta da frente. Pensei comigo mesmo: "Que pena ele nunca ter ouvido o Evangelho". No caminho para casa, olhei para as estrelas e disse a Deus: "Senhor, eu não sabia o que ele estava por fazer, mas vós o sabíeis, não é mesmo? Se podeis usar gente como eu para ajudar caras como o Dave... eis-me aqui. Usai-me especialmente para ajudar os católicos".

Kimberly: Em 1957, pouco antes de os sinos de Natal tocarem, meu pai recebeu a notícia de que nascera sua primogênita: Kimberly Lorraine. Com a minha mãe, alegrou-se o seu coração.

Meus pais, Jerry e Patricia Kirk, cobriram-me de orações desde o primeiro momento em que souberam que eu estava a caminho, e o fazem até hoje. Alimentaram-me com a palavra de Deus, junto com as ervilhas e batatas que me davam. Batizaram-me ainda bebê e me instruíram na fé desde os primeiros momentos. Deram-me eles mesmos o bom exemplo, sempre aprendendo sobre o Senhor e crescendo em sua vida de fé. O seu amor mútuo e ao Senhor me proporcionaram um sólido fundamento para a fé. Que herança preciosa!

Unidos ao salmista, puderam dizer: "Cantarei, eternamente, as bondades do Senhor; minha boca publicará sua fidelidade de geração em geração" (Sl 88, 2).

Porque amava os meus pais, eu amava o Deus que eles amavam. Como eu confiava neles, confiava no Deus em que confiavam — e cria que ele fizera o que eles afirmavam. Eu acreditava que a Bíblia era autêntica porque eles o diziam. Entretanto, há um momento na vida em que cada pessoa precisa decidir se as demandas de Jesus sobre ela são, de fato, genuínas.

Um dia, na 7ª série do ensino médio, tive a oportunidade de tomar a minha decisão. Criada em uma sólida família cristã, eu era uma daquelas crianças tipicamente "boas", que não cometem grandes pecados visíveis, pecando mais em atitudes e pensamentos. Os pecados de omissão tendem a ser maiores do que os pecados de ação. Mas, naquele dia, eu estava muito consciente do quanto eu vinha falhando com Deus, e estava preparada para ouvir a pregação do Dr. Lloyd Ogilvie.[2]

---

[2] Lloyd John Ogilvie (1930–2019), pastor presbiteriano, foi capelão do Senado dos Estados Unidos de 1995 a 2003 — NE.

Escutei o Evangelho de um modo que convenceu o meu coração: Deus me amava e desejava que eu vivesse com ele e para ele, mas meus próprios pecados me haviam separado dele e precisavam ser perdoados para que eu me aproximasse de Deus. Foi por isso que Jesus veio. Eu tinha que reconhecer minha própria necessidade. Devia pedir perdão pelos pecados específicos, rogando: "Jesus, sede meu Salvador". E eu tinha que dizer: "Quero-vos no trono da minha vida — Jesus, sede meu Senhor". Não mais amparada pelas mãos de meus pais, eu precisava ser sustentada com firmeza pela mão de meu Pai Celestial.

O pregador mal havia terminado o "convite para o altar" e eu já descia os degraus da assembléia e subia pelo corredor para declarar: "Sim, Jesus. Sim, eu preciso de vós. Sim, quero que sejais o centro da minha vida".

O versículo 3 do salmo 50 diz: "Tende piedade de mim, Senhor, segundo a vossa bondade. E conforme a imensidade de vossa misericórdia, apagai a minha iniqüidade". Essa foi a minha oração.

Essa experiência me fez mergulhar em um relacionamento completamente novo com o Senhor. Senti o desejo nunca experimentado de aprender sobre a minha fé. Eu queria jejuar — não porque me havia sido dito, mas porque queria mais de Deus. Eu tinha fome da palavra de Deus, de lê-la, de estudá-la e memorizá-la. E ansiava pela confirmação, que seria mais tarde naquele ano, não só para partilhar a minha fé com os irmãos de nossa igreja, mas também para começar a receber a comunhão. Quando eu pensava na possibilidade de me aproximar da mesa do Senhor, eu a relacionava com a experiência que minha mãe havia me proporcionado dia após dia, durante o jantar: era o chegar à casa, depois das lidas diárias; era a celebração recíproca, o banquete de amor servido com beleza e graça. Eu sequer suspeitava o quanto ela preparava o meu coração, muito mais para futuramente receber a eucaristia do que para a comunhão presbiteriana.

Tive oportunidade de viver minha fé de novos modos. Testemunhando constantemente, carregando a minha Bíblia no topo dos meus livros, tanto para ler, quanto para gerar conversas (o que de fato acontecia), ajudando a começar grupos de oração nas manhãs antes das aulas... Às vezes, eu era desagradável. Mas os recém-convertidos podem vir a sê-lo — e, com freqüência, tendem a ser mais profícuos do que aqueles que são sóbrios e firmes na fé.

Cresci no amor — deixando Deus me amar do exato jeito que eu era, amando-o de novos modos e aprendendo a conviver com os meus irmãos e irmãs em Cristo. Meus últimos anos no colégio foram preenchidos com toda sorte de ministérios emocionantes: condução de estudos bíblicos, evangelização e canto com um grupo adolescente cristão chamado Young Folk, enquanto conduzíamos cultos de adoração nas igrejas locais e em passeios de verão. Isso me ajudou a estabelecer, para mim, um sólido grupo de amigos cristãos.

No colégio público, enfrentei batalhas difíceis, mas revigorantes. Ao partilhar minha fé, era desafiada por alunos e professores. Quando chegava em casa, meus pais me fortaleciam com mais ensinamentos das Escrituras, a fim de que eu os compartilhasse. Eu parecia estar fazendo jus ao meu nome — em gaélico,

Kimberly significa "donzela guerreira". Confesso que até gostava desses confrontos, e estava curiosa para ver se uma faculdade cristã teria tantos desafios.

A família Kirk, em 1962.
Kimberly está sentada no colo de sua mãe.

Maio de 1979. Dia de formatura na graduação.
Grove City College, em Grove, Pensilvânia.

CAPÍTULO 2

Do ministério ao casamento

Scott: No verão que precedeu minha ida para a faculdade, viajei pelos Estados Unidos e pela Escócia, Inglaterra e Holanda, tocando guitarra em um grupo musical cristão chamado Continentals. Por fim, na faculdade, consegui me distanciar o suficiente da guitarra e da música, a fim de me concentrar nas Escrituras e na teologia.

Meus quatro anos na Grove City College foram um turbilhão. Graduei-me em teologia, filosofia e economia — fiz o último curso como acréscimo, a fim de satisfazer meu pai, mais pragmático, que estava bancando as mensalidades. Também me envolvi na unidade local da Young Life. Desejava retribuir a Deus a graça de ter usado a Young Life para me apresentar o Evangelho. Trabalhei nessa organização durante quatro anos inteiros, evangelizando e educando na fé jovens do ensino médio, assim como ocorrera comigo.

Vou contar uma história que explica o zelo que me motivou a partilhar o Evangelho com as pessoas que ignoravam Cristo.

Um conhecido me falou a respeito do Dr. Francis Schaeffer, um grande estudioso cristão com quem ele vinha estudando na Europa. Dr. Schaeffer decidiu tirar um fim de semana para visitar Paris com dois de seus alunos. Certa noite, enquanto passeavam pelas ruas de Paris, viram uma prostituta em uma esquina. Horrorizados, os alunos viram o mentor caminhar exatamente em direção à mulher.

Ele perguntou: — Quanto você cobra?

— Cinqüenta dólares.

Olhou-a de cima a baixo e respondeu: — Não, isso é muito pouco.

— Ah, tá. Para americanos, é cento e cinqüenta dólares.

Ele recuou novamente: — Isso ainda é muito pouco.

A mulher disse, rapidamente: — Ah! claro... A taxa de fim de semana para americanos é quinhentos dólares.

— Não, isso ainda é barato demais.

A essa altura, ela já estava um tanto irritada: — Quanto eu custo para você? — quis saber.

Ele respondeu: — Moça, eu possivelmente não poderia pagar o que você vale, mas vou lhe falar de alguém que já pagou.

Os dois homens assistiam à cena enquanto seu mentor — bem naquele instante — ajoelhou-se com a mulher na calçada e rezou por ela, a fim de confiar a vida dela a Cristo.

Na Young Life, era com esse tipo de zelo que compartilhávamos o Evangelho; e, por mais que tentasse, eu não conseguia entender por que tantas igrejas conhecidas não pareciam sequer se importar com isso.

Eu, deliberadamente, mirava os católicos romanos por compaixão e preocupação por seus erros e superstições. Quando fiquei responsável por dirigir estudos bíblicos para estudantes secundaristas, eu estrategicamente dirigia os meus ensinamentos de forma a atingir os jovens católicos que, eu acreditava, estavam tão perdidos e confusos. Ficava especialmente surpreso com a ignorância deles — não apenas em relação à Bíblia, mas também aos ensinamentos da sua própria Igreja. Por alguma razão, não sabiam sequer o básico do catecismo. Tive a impressão de que estavam sendo usados como cobaias em suas próprias catequeses. Por isso, fazê-los ver os "erros" da sua Igreja era muito fácil.

Certa vez, de volta ao dormitório, alguns dos meus amigos começaram a falar sobre ser "rebatizado". Todos nós estávamos crescendo rapidamente e juntos na fé, e freqüentando uma comunidade local. O pastor — um palestrante fascinante — ensinava que aqueles de nós que haviam sido batizados quando bebês, na verdade nunca haviam sido batizados. Meus amigos pareciam concordar com tudo o que ele dizia. No dia seguinte, eles estavam reunidos para combinar uma data para serem "batizados para valer".

Eu me posicionei. — Não acham que devemos estudar a Bíblia nós mesmos, para saber se de fato ele está certo?

Pareciam não me ouvir. — O que está errado no que ele disse, Scott? E, de qualquer forma, você se lembra do seu batismo? Para que serve um batismo de bebês, que são incapazes de crer?

Eu mesmo não tinha muita certeza. Mas sabia que a resposta não era brincar de "seguir o líder" — basear minhas crenças apenas em sentimentos, como eles pareciam estar fazendo. Então respondi: — Eu não sei quanto a vocês, mas vou estudar a Bíblia um pouco mais antes de recorrer ao rebatismo. — Na semana seguinte, eles foram "rebatizados".

Enquanto isso, fui até um dos meus professores da Bíblia e disse o que estava acontecendo. Ele não me disse o que pensava a respeito do tema. Em vez disso, incentivou-me a estudar o assunto mais cuidadosamente. — Scott, por que não fazer do batismo de crianças o tópico do seu trabalho de pesquisa na minha aula?

Travei.

Sendo honesto, eu não queria *tanto* assim estudar aquilo. Mas acho que o Senhor sabia que eu precisava de uma pressão extra. Então, durante os meses seguintes, li tudo o que minhas mãos puderam tocar.

Nesse ponto da minha vida cristã, já havia lido a Bíblia umas três ou quatro vezes. Baseado na minha leitura, eu estava convencido de que a chave de compreensão da Bíblia era a idéia da aliança. Ela está ali, em todas as páginas, com Deus firmando uma em cada época!

O estudo da aliança tornou uma coisa clara para mim: por 2 mil anos, desde o tempo de Abraão até a vinda de Cristo, Deus manifestou a seu povo o desejo de que seus filhos estivessem em aliança com ele. O modo de fazer isso era simples: dar-lhes o sinal da aliança.

É claro que, se no Antigo Testamento o sinal de adesão à aliança com Deus era a circuncisão, no Novo Testamento Cristo o modificou para o batismo. Em nenhum lugar, porém, eu encontrava Cristo anunciando que, dali em diante, os bebês deveriam ser mantidos fora da aliança.

Na verdade, encontrei-o dizendo praticamente o contrário: "Deixai vir a mim estas criancinhas e não as impeçais, porque o reino dos céus é para aqueles que se lhes assemelham" (Mt 19, 14).

Também encontrei os apóstolos imitando-o. Por exemplo, em Pentecostes, quando Pedro terminou seu primeiro sermão, ele chamou a todos para abraçar a fé em Cristo, mediante a celebração da Nova Aliança: "Arrependei-vos, e cada um de vós seja batizado em nome de Jesus Cristo para remissão de vossos pecados, e recebereis o dom do Espírito Santo. Pois a promessa é para vós, *para vossos filhos* e para todos os que ouvirem de longe o apelo do Senhor, nosso Deus" (At 2, 38–39).

Em outras palavras, Deus ainda queria as crianças em aliança com ele. E, desde que o Novo Testamento deu apenas o batismo como o sinal de adesão à Nova Aliança, por que não deveriam os bebês dos crentes ser batizados? Sem dúvida, e como descobri nos meus estudos, a Igreja praticava o batismo infantil desde o início.

Fui contar aos meus amigos os resultados da minha pesquisa bíblica. Não quiseram ouvir — muito menos discuti-los. De fato, percebi que eles se sentiam desconfortáveis até mesmo com os meus estudos sobre o assunto.

Fiz duas descobertas naquele dia. Por um lado, aprendi que muitos dos assim denominados cristãos bíblicos preferem basear suas crenças em sentimentos, sem rezar nem considerar as próprias Escrituras. Por outro, descobri que a aliança era *realmente* a chave para desvendar toda a Bíblia.

Decidi então, no meu primeiro ano de faculdade, que a aliança seria o foco do meu estudo para os futuros trabalhos e projetos de classe. E segui em frente. De fato, após quatro anos estudando a aliança, determinei que ela realmente era o tema que abrangia toda a Bíblia. As Escrituras faziam cada vez mais sentido.

No meu último ano, eu tinha outro objetivo, além de ir ao seminário para os estudos de graduação em Escrituras e teologia: casar-me com a mulher mais bonita e espiritualizada do *campus*, a senhorita Kimberly Kirk.

Eu já a havia recrutado como uma líder da Young Life. Por dois anos, praticamos o ministério lado a lado. Então, propus que nos casássemos. Para o meu encanto, ela aceitou.

Depois de me graduar na faculdade, com as mais altas honrarias em teologia e filosofia, mudei-me para Cincinnati, de modo que pudéssemos passar o verão nos preparando para o casamento. Com Kimberly Hahn ao meu lado, eu estava pronto para encarar o futuro, a toda velocidade.

Kimberly: Eu me matriculei na Grove City College em 1975, para começar minha graduação em comunicação. Escolhi uma faculdade cristã, não para dar um tempo das batalhas que, na verdade, haviam revigorado a minha caminhada com Deus em um colégio público e secular, mas para crescer de modo mais profundo e desafiador: ser ferro afiando ferro com outros cristãos. Entretanto, uma vez na faculdade, o dilema no qual me debatia era a facilidade com que poderia deixar de crescer de forma dinâmica, pois a maioria das pessoas era cristã ou agia como tal. Eu não estava crescendo no meu relacionamento com

Cristo; ou seja, estava regredindo, pois nesse âmbito é impossível ficar parado.

No verão entre o meu segundo e terceiro ano de faculdade, tive certeza da minha baixa espiritual. Naquela altura, já havia desfrutado de bons momentos em peças, irmandades e clubes, mas não havia efetivamente crescido do ponto de vista espiritual. Jesus não apenas estava pedindo para estar no centro da minha vida — ele o estava exigindo. Eu sabia disso, mas agia como se eu o tivesse convidado para a minha vida nos meus próprios termos, quando me era conveniente. Entretanto, era ele quem estava me convidando para a sua vida. Eu tinha que encontrar um ministério que realmente me pusesse de joelhos, algo que fosse simplesmente grande demais para ser conquistado com minhas próprias forças. Ao retornar à Grove City College para o meu terceiro ano, eu estava em um momento de renovado florescimento para o Senhor.

Quando voltei no outono, eu estava envolvida com o Comitê de Orientação e Scott era assistente residente. Por essas razões, estávamos ambos envolvidos no baile de calouros. Durante o baile, reparei nele e pensei: "Ele é bonito demais para que eu vá falar com ele". Mas depois repensei: "Não, não é. Posso ir e falar com ele".

Então fui e iniciei uma conversa. Quase imediatamente, ele me perguntou: — Você acredita que Deus existe?

Pensei: "Ó, Senhor, este cara perdeu a fé durante o verão. Dai-me as palavras certas". Por dez minutos, me enrolei na explicação de que Deus, de fato, existe. Por fim, perguntei: — E você? Acredita que Deus existe?

E ele disse: — Ah, sim.

Surpresa, retruquei: — Então por que você estava me sabatinando nos últimos dez minutos?

— Queria ver do que você é feita — foi sua resposta. — Quer dar uma volta?

E assim fomos caminhar.

Partilhei meu propósito de fazer com que os últimos dois anos na faculdade fossem diferentes dos dois primeiros, por meio do meu envolvimento em algum tipo de ministério que me desafiasse a crescer espiritualmente. — Tenho o ministério certo para você! — Scott anunciou. — Já ouviu falar da Young Life?

Eu conhecia a Young Life, porque meu pai abraçara a fé em Cristo por meio dela, no Colorado. Quando papai freqüentou o seminário em Pittsburgh, trouxe consigo o ministério da Young Life para a região. O que eu não sabia era que havia sido o ministério da Young Life de Pittsburgh que conquistara Scott para Cristo. Após essa experiência, ele chegou à faculdade disposto a se envolver no clube Young Life do colégio local, e estava realmente interessado em recrutar fortes lideranças femininas para ajudá-lo.

Scott me descreveu como seria. — Vamos a um colégio e nos fixamos ali. Conhecemos os jovens. Vamos aos jogos deles, damos-lhes carona da escola para casa e os amamos exatamente do jeito que são. Ganhamos deles o direito de sermos ouvidos e, no momento certo, partilhamos Cristo com eles. Então, fazemos apostolado com os jovens que entregaram suas vidas a Cristo. Nós os desafiaremos ao máximo sobre o que significa viver para Cristo. Preciso de líderes femininas. Você embarca nessa?

Eu sabia que isso era algo que realmente exigiria que eu me pusesse de joelhos. Eu estava extremamente assustada! Então eu disse: — Tudo bem. É o que devo fazer.

Pelos próximos dois anos, servimos lado a lado no ministério da Young Life, com alguns outros estudantes. Inicialmente, era assustador ir à escola apenas para ficar por ali, mas queríamos nos tornar amigos dos estudantes para, então, partilhar o Senhor com eles. Deus estava realmente conosco, fortalecendo-nos. O fruto era abundante.

Scott ensinou aos líderes as formas efetivas de comunicar o Evangelho e de fazer discipulado. Ele tocava músicas no violão e dava muitas palestras em nossos encontros semanais do clube. Conduzia estudos bíblicos tão desafiadores para os jovens que todos os líderes queriam participar deles. Na verdade, ele precisou desencorajar a participação de alguns líderes, porque a sala já estava lotada de estudantes.

Scott e eu passamos algum tempo extra juntos, logo depois que ele me recrutou. Começávamos a conversar durante o almoço e terminávamos logo após o jantar. Após cerca de três semanas de alguns momentos de partilha bem intensos, Scott disse: — Kimberly, estou gostando muito do tempo que passamos juntos. Mas, se passarmos mais tempo assim, vou me apaixonar por você. Não tenho tempo este ano para me apaixonar. Talvez no ano que vem. Acho que deveríamos parar de nos encontrar.

Fiquei realmente surpresa. Aquela era certamente uma maneira criativa de interromper um namoro. Fiquei desapontada, na verdade. Mas sentia que ele era o homem mais piedoso com quem eu jamais me encontrara, então acreditei nele quando disse que não havia outra razão oculta para o afastamento. Abrimos mão de nossos encontros, mas continuamos a servir juntos no ministério.

A Young Life parecia caber nos meus planos de me formar como pastora, sonho que eu tinha desde a 2ª série. Com seu exemplo de vida, meu pai me convencera de que ser pastor era o trabalho mais emocionante do mundo. Ele voltava para casa, dia após dia, entusiasmado em partilhar o Evangelho de modo a conquistar as pessoas para a fé em Cristo; aconselhar casais com dificuldades conjugais e ver seus casamentos restaurados; ensinar e pregar a palavra de Deus e levar conforto àqueles que lutavam contra a doença e a morte. Nada parecia mais maravilhoso do que imitá-lo na vocação de pastor. Eu acreditava ter muitos dos seus dons e talentos, habilidades, motivações e desejos de compartilhar o Evangelho e ganhar discípulos para Jesus Cristo.

Então, alguns bons amigos, incluindo Scott, começaram a me desafiar durante o meu primeiro ano, questionando, com base nas Escrituras, se Deus de fato estava me chamando para ser pastora. Concordei com eles que, se as Escrituras não fundamentassem meu propósito, então Deus teria um plano diferente para mim.

Era muito difícil examinar e mudar um sonho que havia sido meu por tanto tempo. Mas foi necessário, pois reconheci que as Escrituras não fundamentavam a ordenação de mulheres como pastoras. Assim, quando isso se tornou uma convicção, meu desejo profundo de ser ordenada diminuiu e busquei outro caminho pelo qual Deus usaria meus talentos e desejo de servi-lo.

Além de estarmos muito envolvidos na Young Life, Scott e eu também gostávamos de conversar sobre teologia, às vezes com discussões bastante acaloradas. No Natal do meu primeiro ano, eu estava em casa descrevendo um desses debates para a minha mãe e ela disse: — Eu me pergunto, Kimberly, se você não vai se casar com esse rapaz. Aposto que vai.

— Casar com ele! Mal consigo conversar sobre teologia com ele sem me frustrar!

— Sim, acho que você provavelmente se casará com ele. — Ela nunca tinha dito isso sobre nenhum outro rapaz com quem eu já tivesse saído. Guardei suas palavras.

Embora não estivéssemos mais saindo juntos, Scott e eu construímos um sólido alicerce para um futuro relacionamento amoroso. Sem que eu soubesse, Scott contou às pessoas, no verão anterior ao nosso último ano, que ele pretendia voltar à faculdade e namorar e se casar com Kimberly Kirk. No fim do verão, também senti profundamente que ele era único para mim.

Em 31 de setembro, durante o fim de semana dedicado ao treinamento de liderança da Young Life, reatamos o namoro. Ao longo do nosso ministério conjunto na Young Life, constatamos o quanto a vida em família poderia prosperar através do ministério, como dois bois puxando juntos a mesma carga. Eu admirava o ímpeto de Scott pela verdade e seu amor pela Palavra. Era um comunicador poderoso. Vidas mudavam à medida que o Senhor agia através dele. E Scott gostava de quem eu era e também de como o Senhor me usava.

Scott e eu retomamos nossas longas conversas, partilhando o que estávamos pensando e estudando.

Tínhamos sonhos complementares. Ele queria ser pastor e professor; eu queria ser esposa de pastor. Ele queria ser escritor; eu adorava digitar e editar. Ambos gostávamos de falar. Discutíamos com veemência sobre teologia, mas ainda assim havia uma tremenda unidade teológica, e isso nos revelava que, se mantivéssemos essas convicções, poderíamos ir em frente juntos, mais fortes lado a lado do que em nossos caminhos individuais.

Em 23 de janeiro, celebramos o noivado, com a pretensão de nos casarmos no mês de agosto. (Nossa data de noivado, descobrimos recentemente, é o dia da festa dos esponsais de Maria e José, celebrada pelos padres estigmatinos!). Pouco antes da formatura, percebi que não sabia se ele queria ou não uma família numerosa. Sempre quis ter ao menos quatro ou cinco crianças. Então, casualmente, abordei o assunto, perguntando: — Você quer filhos, não é?

— Bem, não demais.

Pensei: "Ah! não, ele é um ZPGer (defensor do movimento Zero Population Growth)!".[1] Ainda tentando soar casual, eu disse: — Quantos não são demais?

— Não sei — ele respondeu. — Acho que devemos pensar em cinco ou seis.

Eu mal podia acreditar nos meus ouvidos. — OK, vamos pensar pequeno — eu disse com um sorriso.

Esse era só mais um indício de como nossos corações e mentes estavam unidos. Cada um de nós estava maravilhado com o presente que Deus nos dera um ao outro. E pensar que as nossas diferenças em teologia

---

[1] Crescimento Populacional Zero — NE.

estavam basicamente resolvidas! Tudo o que devíamos fazer era nos casar, ir para o seminário e explorar a verdade que achássemos lá. Então, partiríamos para conquistar o mundo para Jesus Cristo. Ao menos, foi o que pensamos.

Em 18 de agosto de 1979, em Cincinnati, perante nossas famílias e mais de quinhentos amigos, nós nos recebemos em matrimônio, para termos Jesus no centro de nossa vida em comum. Tínhamos sonhos suficientes para uma vida inteira.

Casamento de Scott e Kimberly,
em 18 de agosto de 1979, em Cincinnati, Ohio.

Vida de casados no seminário. Setembro de 1981.

CAPÍTULO 3

Novas concepções sobre a aliança

Scott: Kimberly e eu chegamos ao Seminário Teológico de Gordon-Conwell apenas duas semanas depois do nosso casamento. Nós dois estávamos firmemente convictos de que a teologia evangélica e reformada era o cristianismo bíblico na sua melhor forma.

Neste ponto, eu descreveria meu estudo como uma história de *detetive*. Eu estava pesquisando as Escrituras em busca de pistas do paradeiro do verdadeiro cristianismo: onde a Bíblia estava sendo fielmente ensinada e vivida? Onde quer que estivesse, eu sabia que Deus me queria lá — para uma vida inteira de ensino. Eu era um detetive entusiasmado, desejoso de seguir as Escrituras, não importando o que elas ensinassem.

Encontrei no seminário um colega chamado Gerry Matatics, que logo se tornou um amigo próximo. (Mais tarde, ele terá um grande destaque na história). Dentre os estudantes presbiterianos, éramos os únicos firmes o bastante em nosso anticatolicismo para acreditarmos que a Confissão de Westminster deveria manter uma linha que a maioria dos fiéis reformados estava querendo abandonar, a de que o Papa é o Anticristo. Embora os reformadores — Lutero, Calvino, Zuínglio, Knox e outros — discordassem em muitos aspectos, todos eles compartilhavam a convicção de que o Papa era o Anticristo e de que a Igreja de Roma era a prostituta da Babilônia.

Quando o Papa João Paulo II chegou a Boston, em 1979, muitos colegas seminaristas[1] disseram: "Ele não é maravilhoso?". Maravilhoso? Ele se arrogava o poder de vincular centenas de milhares de corações e mentes, como mestre supostamente infalível do universo. Aquilo era maravilhoso? Era abominável! Gerry e eu trabalhamos no seminário para ajudar nossos irmãos a enxergar o quão errado isso era.

Meu segundo ano de seminário era o primeiro de Kimberly. Algo muito curioso ocorreu quando ela fez um curso sobre ética cristã. Eu havia feito esse curso antes, então, eu sabia que a classe seria dividida em grupos pequenos para trabalhar uma questão moral. Perguntei a Kimberly qual tópico ela havia escolhido.

— Contracepção — disse ela.

— Contracepção?! Essa foi uma opção no ano passado, mas ninguém a escolheu. Na verdade, esse é um problema exclusivamente católico. Por que você estudaria contracepção?

— Sempre lido com questões sobre o controle de natalidade quando dou palestras sobre o aborto. Não sei por quê, mas lido. Então, acho que seria uma boa oportunidade de descobrir se a Bíblia tem ou não algo a dizer sobre isso.

---

[1] Evidentemente, aqui e em outros trechos do livro, o termo "seminaristas", utilizado pelos autores, não se refere àqueles que se preparam para a ordenação sacerdotal, mas aos colegas estudantes de teologia no seminário protestante que freqüentavam — NE.

— Bem, se quer perder seu tempo estudando algo inútil, tudo bem, o tempo é seu. — Fiquei surpreso, mas não preocupado. Afinal, não havia um modo realmente certo ou errado de abordar a contracepção. Eu mal sabia quanta influência o estudo desse assunto teria sobre nossas vidas.

Algumas semanas depois, um amigo me parou no corredor. — Conversou com sua esposa sobre o estudo dela acerca da contracepção?

— Na verdade, não.

— Pois devia falar. Ela está trazendo alguns pensamentos bem interessantes sobre isso.

Dado o assunto em questão, achei que seria melhor conversar com ela. Perguntei a Kimberly o que ela descobrira de tão interessante sobre contracepção. Ela contou que, antes de 1930, houvera um testemunho unificado de todas as igrejas cristãs: a contracepção era um erro, em todas as circunstâncias.

Especulei: — Talvez tenha levado todo esse tempo para resolver os últimos vestígios de catolicismo.

Ela me desafiou ainda mais. — Mas você conhece as razões por que eles se opõem ao controle de natalidade? Eles têm razões mais fortes do que você pensa.

Eu tinha que admitir que não sabia as razões. Ela me perguntou se eu leria um livro sobre o assunto e me entregou *Birth Control and the Marriage Covenant* [Controle de natalidade e aliança matrimonial], de John Kippley (que desde então foi revisado e reintitulado *Sex and the Marriage Covenant*). Eu era especialista em teologia da aliança e acreditava ter todos os livros que tinham "aliança" no título. O livro despertou minha curiosidade.

Olhei para o livro e pensei: "*Liturgical Press*? Esse cara é católico! Um papista! Como ele ousava seqüestrar a noção protestante da aliança?". Estava curioso para ver o que ele tinha a dizer. Sentei-me para ler o livro. Pensei: "Isso não está certo — não pode estar! Esse homem diz algo que faz sentido. Ele mostra que o casamento não é um contrato que envolve uma mera troca de bens e serviços. O casamento, sim, é uma aliança e implica a interação de pessoas".

O argumento de Kippley dizia que toda aliança possui um ato por meio do qual a aliança é promulgada e renovada; e que o ato conjugal é um ato de aliança. Quando a aliança esponsal é renovada, Deus a usa para dar nova vida. Renovar a aliança conjugal e usar o controle de natalidade para destruir o potencial de gerar nova vida equivaleria a receber a eucaristia e cuspi-la no chão.

Kippley mostrou que o ato conjugal demonstra, de modo único, o poderoso amor da aliança, doador da vida. Todas as outras alianças mostram o amor de Deus e o transmitem, mas é somente na aliança conjugal que o amor é tão real e poderoso ao ponto de transmitir a vida.

Quando Deus fez o ser humano, homem e mulher, o primeiro mandamento que lhes deu foi "sede frutíferos e multiplicai-vos". Essa era a imagem de Deus — Pai, Filho e Espírito Santo, três pessoas em unidade, a Família Divina. Então, quando "os dois se tornam um", na aliança matrimonial, o "um" que eles se tornam é tão real que, nove meses depois, eles precisam lhe dar um nome! A criança personifica a unidade da aliança dos pais.

Comecei a ver que, toda vez que Kimberly e eu realizávamos o ato conjugal, estávamos fazendo algo sagrado. E que, toda vez que impedíamos o poder vivificante do amor por meio da contraconcepção, estávamos fazendo algo profano. (Tratar algo sagrado de modo meramente comum é, por definição, profaná-lo).

Eu estava impressionado, mas muito quieto para alguém impressionado. Kimberly me perguntou o que eu pensava do livro; respondi que era interessante. Comecei a observá-la a convencer os meus amigos, um por um — alguns dos melhores e mais brilhantes mudaram de idéia!

Então, descobri como todos os reformadores — Lutero, Calvino, Zuínglio, Knox e todo o restante — tinham a mesma posição que a Igreja Católica nessa questão.

Fiquei perturbado. A Igreja Católica Romana permanecia sozinha como a única "denominação", no mundo inteiro, com coragem e integridade para ensinar a verdade mais impopular. Eu não sabia o que fazer com esse fato. Assim, recorri a uma velha expressão de família: "Até um cão cego pode encontrar um osso". Quero dizer, transcorridos dois mil anos, a Igreja Católica havia de fazer algo correto.

Católico ou não, aquilo era verdade. Então, joguei fora os contraceptivos que estávamos usando e começamos a confiar em Deus, fazendo nossos planos familiares de uma nova forma. Inicialmente, durante alguns meses, usamos o Planejamento Natural da Família. Depois, decidimos nos abrir a qualquer nova vida com que Deus quisesse nos abençoar.

Organizei um grupo com doze dos melhores seminaristas calvinistas da Gordon-Conwell, em um encontro semanal de café-da-manhã, para conversar sobre diversas questões, convidando os professores a partilharem suas perspectivas e a responderem questionamentos. Foi uma ótima ocasião para reforçar amizades e ter conversas estimulantes. Chamamos isso de Academia Genebra, em homenagem à escola de Calvino, em Genebra.

Às vezes, nos reuníamos nas noites de sexta-feira, no Howard Johnson's ou em algum *pub* local; pedíamos pizza e cerveja e conversávamos sobre teologia até três horas da manhã, com a promessa feita a nossas esposas de levá-las para sair na noite seguinte. Durante três ou quatro horas, nos aprofundávamos na palavra de Deus, debatendo doutrinas complexas: a segunda vinda de Cristo, argumentos sobre a existência de Deus, predestinação e livre-arbítrio, e outros grandes mistérios que os teólogos amam explorar; em especial, a aliança.

Ir fundo nas Escrituras significava lutar mais e mais com o significado dos textos-chaves, por nossa própria conta. Estávamos avançando na compreensão do grego e do hebraico. Para nós, somente a Bíblia era nossa autoridade, portanto conhecer melhor as línguas significava que poderíamos ir diretamente às Escrituras. Para nós, nenhuma tradição era infalível ou impositiva. Elas podiam ser úteis, confiáveis até, mas não infalíveis; podiam escorregar e errar em algum aspecto. Na prática, isso exigia que todos nós, individualmente, repensássemos a doutrina do começo ao fim. Era um trabalho e tanto, mas éramos jovens, e acreditávamos que, com o Espírito Santo e as Sagradas Escrituras, poderíamos reinventar todas as rodas, se necessário fosse.

No meu último ano, uma crise começou a despontar. Minha pesquisa estava me forçando a repensar o significado da aliança.

Na tradição protestante, alianças e contratos eram entendidos como duas palavras que descreviam a mesma coisa. Mas o estudo do Antigo Testamento me levou a ver que, para os antigos hebreus, alianças e contratos eram muito diferentes entre si. Nas Escrituras, os contratos envolviam a simples troca de propriedade, ao passo que as alianças envolviam a interação de pessoas, de modo a formar vínculos familiares sagrados. Assim, o parentesco era formado pela aliança. (Se compreendido com base no contexto do Velho Testamento, o conceito de aliança não era teórico ou abstrato). De fato, o parentesco pela aliança era mais forte do que o parentesco biológico; o significado mais profundo das alianças divinas do Antigo Testamento estava na "paternidade" de Deus sobre Israel como sua própria família.

Quando Cristo estabeleceu a Nova Aliança conosco, isso foi muito mais do que um simples contrato ou troca legal em que ele pegou nossos pecados e nos deu sua justiça, como explicaram Lutero e Calvino. Embora verdadeira, a explicação está aquém da verdade completa do Evangelho.

O que descobri foi que a Nova Aliança estabeleceu uma nova família universal, na qual Cristo compartilhou sua própria filiação divina, fazendo de nós filhos de Deus. Como ato de aliança, ser perdoado significava participar da graça de Cristo como filhos e filhas de Deus; ser santificado significava participar da vida e do poder do Espírito Santo. Assim, a graça de Deus se tornava algo muito maior do que um favor divino; era o verdadeiro dom da vida de Deus na filiação divina.

Lutero e Calvino explicaram isso exclusivamente em termos de linguagem jurídica. Mas eu começava a ver que, muito mais do que mero juiz, Deus era nosso Pai. Muito mais do que meros criminosos, éramos fugitivos. Muito mais do que em um tribunal, a Nova Aliança era firmada por Deus no espaço familiar.

São Paulo (que eu considerava o primeiro Lutero) ensinava, nas epístolas aos Romanos, Gálatas etc., que a justificação era mais do que um decreto legal; ela nos instituía em Cristo, como filhos de Deus, somente pela graça. De fato, descobri que São Paulo, em lugar algum, jamais ensinou que estávamos justificados *apenas* pela fé! A máxima *sola fide* era antibíblica!

Fiquei muito empolgado com essa descoberta. Partilhei-a com alguns amigos, que ficaram maravilhados com o sentido que ela fazia. Então, um amigo me parou e perguntou se eu conhecia quem mais estava ensinando a justificação daquele modo. Quando respondi que não sabia, ele me disse que Dr. Norman Shepherd, professor do Seminário Teológico de Westminster (o mais estrito seminário presbiteriano calvinista da América), estava prestes a enfrentar um julgamento de heresia por ensinar a mesma visão de justificação que eu estava expondo.

Telefonei para o professor Shepherd e conversei com ele. Ele alegou que fora acusado de ensinar algo contrário aos ensinamentos das Escrituras, de Lutero e de Calvino. Enquanto ele descrevia o que vinha ensinando, eu pensei: "Ei, é isso o que estou dizendo também".

Agora pode até não parecer muito uma crise, mas, para alguém imerso no protestantismo e convicto de que o cristianismo havia se estruturado na *sola fide*, a situação equivalia a uma crise enorme.

Lembrei-me do que dissera, em sala de aula, um dos meus teólogos favoritos: Dr. Gerstner afirmara que, se os protestantes estivessem equivocados a respeito da *sola fide*, e a Igreja Católica estivesse certa de que a justificação se dava pela fé *e* pelas obras, "eu me poria de joelhos na manhã seguinte, do lado de fora do Vaticano, fazendo penitência". Todos sabíamos, é claro, que ele falava assim para obter um efeito retórico, mas tinha um grande impacto. De fato, toda a Reforma derivou dessa única diferença.

Lutero e Calvino freqüentemente diziam que era esse o artigo sobre o qual a Igreja se sustentava ou caía. Foi por isso que, para eles, a Igreja Católica caiu e o protestantismo surgiu das cinzas. *Sola fide* era o princípio material da Reforma, e eu estava chegando à convicção de que São Paulo nunca o havia ensinado.

Em Tg 2, 24, a Bíblia ensina que "o homem é justificado pelas obras e não somente pela fé". Além disso, São Paulo diz em 1Cor 13, 2: "[...] mesmo que tivesse toda a fé, a ponto de transportar montanhas, se não tiver caridade, não sou nada". Para mim, foi uma transformação traumática admitir, nesse ponto, que eu achava que Lutero estava fundamentalmente errado. Por sete anos, Lutero fora minha principal fonte de inspiração e proclamação poderosa da Palavra. E essa doutrina constituíra a base racional de toda a Reforma Protestante.

Suspendi minha investigação. Kimberly e eu planejávamos o meu ingresso nos estudos de doutorado da Universidade de Aberdeen, Escócia, onde eu havia sido aceito como candidato para o curso, com enfoque no tema da aliança. Assim foi até descobrirmos, para nossa grande alegria, que o Senhor abençoara nossa abertura à vida com nosso primeiro filho. A mudança em nossa teologia produzira uma mudança na anatomia de Kimberly. Naquela época, porém, a primeira-ministra Margaret Thatcher tornara quase impossível aos americanos terem bebês à custa dos contribuintes britânicos; então, interpretamos isso como um sinal para procurarmos emprego em outro lugar, postergando os estudos de doutorado por um tempo.

Recebemos um telefonema de uma pequena igreja em Fairfax, Virgínia, que estava à procura de um pastor. Quando me candidatei para a função na Trinity Presbyterian Church, partilhei minhas visões e preocupações sobre a justificação — e que eu assumira o posicionamento do Dr. Shepherd. Eles entenderam e disseram que eles também. Pouco antes da formatura, aceitei o trabalho pastoral na Trinity, bem como a função de professor no colégio deles, o Fairfax Christian School.

Pela graça de Deus, acabei me formando como primeiro da classe. Era a hora de dar adeus a alguns dos melhores amigos que já fiz — tanto estudantes, quanto professores. Deus nos havia abençoado com amizades muito profundas, com homens e mulheres que estavam realmente comprometidos a abrir suas mentes e corações à palavra de Deus. Kimberly e eu nos formamos juntos; ela obteve o mestrado em teologia; e eu, o *Master of Divinity*.[2]

---

[2] O *Master of Divinity* (MDiv) é o primeiro diploma profissional do ofício pastoral para muitas denominações cristãs na América do Norte — NE.

Kimberly: No nosso primeiro ano de seminário, Scott começou seu curso de mestrado, estudando tópicos teológicos específicos, com professores que ensinavam teologia há mais de dez anos; alguns, há quarenta anos. Enquanto isso, eu era secretária em um programa financiado por uma bolsa de pesquisa de Harvard, e trabalhava com pessoas de todo tipo de religião, exceto a cristã. Muitas delas nunca tinham ouvido o Evangelho, nem lido a Bíblia. Desafiavam-me quase diariamente, até mesmo se Deus de fato existia. Era um grande contraste.

Após o primeiro ano, decidimos trilhar o mesmo caminho e crescer juntos. Com a concordância de Scott e a assistência de meus pais, comecei meus estudos de mestrado durante o segundo ano de Scott. Foi uma rica experiência estudarmos teologia lado a lado.

Uma das primeiras questões que abordei, em um curso sobre ética cristã, foi a contracepção. Eu não a considerava um tema a ser estudado, até me envolver no trabalho pró-vida. Por alguma razão, o controle de natalidade era uma questão que continuava se propagando. Como protestante, não conhecia amigos que não o praticassem. Tinha sido aconselhada a praticar o controle de natalidade como uma atitude cristã razoável e responsável. No aconselhamento pré-nupcial, havíamos sido perguntados qual método anticoncepcional iríamos usar, não *se* o usaríamos.

O pequeno grupo com foco em "contracepção" se reuniu no fundo da classe, brevemente, no primeiro dia. Um líder autodesignado se pronunciou. — Não temos que considerar a posição católica, porque só há duas razões pelas quais os católicos se opõem à contracepção. Número um: o Papa não é casado, então, ele não tem que viver com as conseqüências. E número dois: eles só querem que haja no mundo tantos católicos quanto possível.

— São essas as razões que a Igreja Católica declara? — interrompi. — Acho que não.

— Então, por que você não estuda isso?

— Vou estudar. — E foi o que fiz.

Primeiro, olhei a natureza de Deus e como nós, enquanto cônjuges, somos chamados a ser a sua imagem. Deus — Pai, Filho e Espírito Santo — fez o homem e a mulher à sua imagem e os abençoou na aliança do casamento, com o mandamento de sermos fecundos e nos multiplicarmos, povoando a Terra e exercendo domínio sobre toda a criação, para a glória de Deus (Gn 1, 6–28). A própria imagem na qual o homem e a mulher foram criados era a unidade das Três Pessoas Divinas, derramando-se em amor total e autodoador um pelo outro. Deus confirmou esse mandamento da criação em sua aliança com Noé e sua família, com a mesma ordem de serem fecundos e se multiplicarem (Gn 9). Portanto, a existência do pecado não muda o chamado para que os unidos em matrimônio sejam imagem de Deus por meio da procriação.

São Paulo esclareceu que, na Nova Aliança, o casamento foi elevado ao *status* de representação da relação entre Cristo e a Igreja. (Naquele momento, eu não fazia idéia de que o casamento era, na verdade, um sacramento). E, pelo próprio poder vivificante do amor, Deus capacitou o casal a refletir a imagem de Deus quando a união de dois indivíduos se tornava três. A pergunta que eu me fazia era: nosso uso de métodos contraceptivos — bloqueando de modo intencional o poder vivificante do amor, enquanto desfrutamos da unidade e do prazer proporcionados pelo ato conjugal — habilita meu esposo e eu a refletirmos a imagem de Deus, de um amor totalmente abnegado?

Em segundo lugar, examinei o que as Escrituras tinham a dizer sobre filhos. O testemunho da Palavra era esmagador! Todo versículo que falava sobre filhos os ressaltava sempre e unicamente como uma bênção (Sl 127; 128). Não havia provérbios advertindo que as despesas de uma criança superavam o seu valor. Não havia bênção proferida ao homem ou à mulher que praticara espaçamento perfeito entre os filhos, ou ao número acertado de anos que um casal deveria aguardar antes de carregar nos ombros o fardo dos filhos, ou ao marido e à mulher que tivessem planejado cada concepção. Esses pensamentos, eu os havia apreendido da mídia, da minha escola pública e da minha vizinhança, mas não estavam fundamentados na palavra de Deus.

A fertilidade, nas Escrituras, era apresentada como algo a ser valorizado e celebrado, e não como uma doença a ser evitada a todo custo. Embora eu não encontrasse qualquer versículo que falasse negativamente sobre pessoas com famílias pequenas, não havia dúvida de que famílias grandes mostravam, de acordo com diversas passagens, a efusão de um maior favorecimento de Deus. Deus era aquele que abria e fechava o ventre, e, quando ele dava a vida, isso era visto exclusivamente como bênção. Enfim, o desejo de Deus para os casamentos fiéis era a "descendência piedosa" (Ml 2, 15). Os filhos eram descritos como "flechas na mão do guerreiro [...] abençoado o homem cuja aljava é cheia". Quem lutaria uma batalha com apenas duas ou três flechas, se pudesse dispor de uma aljava repleta?! A pergunta que eu me fazia era: nosso controle de natalidade refletia o modo como Deus via os filhos ou como o mundo os via?

Em terceiro, estava a questão da soberania de Jesus Cristo. Como protestantes evangélicos, Scott e eu levávamos muito a sério a soberania de Cristo sobre nossas vidas. Em termos financeiros, pagávamos o dízimo regularmente, independentemente de quão pouco recurso tivéssemos, pois queríamos ser bons administradores do dinheiro que ele confiara aos nossos cuidados. Cada vez mais, víamos o Senhor atender às nossas necessidades em um grau maior do que havíamos lhe dado. Em termos de tempo, honrávamos o dia do Senhor, pondo de lado nossos estudos, que era nosso trabalho, mesmo se tivéssemos prova na segunda-feira. O Senhor nos abençoou muitas vezes com aquele dia de folga, e nos saímos bastante bem em todas as avaliações que fizemos nas segundas-feiras. Em termos de talentos, assumimos que deveríamos estar sempre disponíveis para servir ao Senhor no ministério, e acrescentávamos, com muita satisfação, o serviço à nossa carga de estudos. Ver tantas vidas abençoadas como fruto daquele ministério fortaleceu tremendamente a nossa fé e o nosso casamento.

Mas e os nossos corpos? E nossa fertilidade? Chegava tão longe a soberania de Cristo? Então, li 1Cor 6, 19–20: "Ou não sabeis que o vosso corpo é templo do Espírito Santo, que habita em vós, o qual recebestes de Deus e que, por isso mesmo, já não vos pertenceis? Porque fostes comprados por um grande preço. Glorificai, pois, a Deus no vosso corpo". Talvez fosse uma atitude mais profana do que piedosa pensar em nossa fertilidade como algo a ser controlado como bem entendêssemos. A pergunta que eu me fazia era: nosso uso de métodos contraceptivos demonstra uma fidelidade de vida à soberania de Jesus Cristo?

Em quarto lugar, qual era a vontade de Deus para Scott e eu? Desejávamos conhecer e seguir a vontade de Deus para nossas vidas. Uma passagem das Escrituras que nos deu alimento útil para a reflexão foi Rm 12, 1–2:

> Eu vos exorto, pois, irmãos, pelas misericórdias de Deus, a oferecerdes vossos corpos em sacrifício vivo, santo, agradável a Deus: é este o vosso culto espiritual. Não vos conformeis com este mundo, mas transformai-vos pela renovação do vosso espírito, para que possais discernir qual é a vontade de Deus, o que é bom, o que lhe agrada e o que é perfeito.

Paulo salientava que uma vida sacrificial exigia a misericórdia de Deus — não nos é pedido para viver esse tipo de vida por nossa própria força. Poderíamos ofertar nossos próprios corpos como sacrifício de adoração — havia um âmbito físico no espiritual. Uma das chaves para saber como se sacrificar, de modo a vivenciar a vontade de Deus, era identificar adequadamente a diferença entre as mensagens do mundo e as verdades de Deus. Isso significava que devíamos renovar nossa mentalidade ativamente na palavra de Deus. E muito do meu estudo na área da contracepção havia me levado precisamente a isto: meditar sobre as passagens das Escrituras que apresentavam um cenário distinto daquele que o mundo parecia anunciar.

Scott e eu já éramos comprometidos um com o outro e com Deus. A questão era... podíamos confiar em Deus para planejar o tamanho da nossa família? O intervalo entre os filhos? Será que ele saberia da nossa disponibilidade financeira, emocional e espiritual? Será que ele teria como nos capacitar a cuidar de mais crianças do que pensávamos ser capazes?

Em essência, eu sabia com o que estava lutando — a própria soberania de Deus. Apenas ele conhecia o futuro e sabia qual seria o melhor caminho para construirmos nossa família, com a divina descendência que ele próprio tanto ansiava que tivéssemos. Seguramente, ele manifestara sua confiabilidade de incontáveis maneiras. Eu sabia que podíamos contar com ele para nos prover a fé de que precisávamos para lhe confiar esse âmbito de nossas vidas; para nos dar a esperança de que essa visão era parte de seu plano para nossas vidas, e para derramar seu amor em nós e, através de nós, em todas as almas preciosas que pusesse aos nossos cuidados. Afinal, conhecia muitos casais de nosso seminário que "planejavam" a vinda dos bebês apenas para depois descobrirem que o tempo de Deus é diferente do deles. Precisávamos confiar nossa fertilidade a ele, e de modo radical — sem o uso de métodos contraceptivos. É desnecessário dizer que estava convencida disso; mas éramos duas pessoas no casamento, e eu precisava falar dessas preocupações e questões com Scott.

Quando Scott me perguntou, durante o jantar, como estava indo o meu estudo sobre a contracepção, compartilhei tanto quanto podia. Pedi a ele que lesse o livro de John Kippley, intitulado *Birth Control and the Marriage Covenant* [Controle de natalidade e a aliança conjugal]. Nesse livro, Scott reconheceu a fundamentação dos meus argumentos; porém, mais do que isso, ele constatou como Kippley aplicava a idéia da aliança no casamento para explicar por que a contracepção era imoral.

Kippley fazia a seguinte comparação: assim como na Roma Antiga, quando as pessoas celebravam e depois vomitavam a comida que haviam acabado de ingerir, para justificar seus excessos (evitando as conseqüências de suas ações), o mesmo ocorre com os esposos que celebram o casamento, mas depois contrariam o poder vivificante do seu ato de renovação da aliança. Ambas as ações são contrárias à lei natural e à aliança marital.

A partir da perspectiva de Kippley, representando a Igreja Católica, o primeiro fim ou propósito do ato matrimonial é a procriação de filhos. Quando um casal intencionalmente contraria esse fim, age de forma contrária à lei natural. Os dois estão subvertendo a renovação de sua própria aliança conjugal, deixando de lado o compromisso de se entregarem totalmente um ao outro.

Agora eu compreendia por que a Igreja Católica Romana se opunha à contracepção, mas, e quanto ao Planejamento Natural da Família (PNF)? Não era um controle de natalidade católico?

São Paulo, em 1Cor 7, 4–5, fala dos períodos que os esposos podem abster-se de relações sexuais por razões de oração, mas, em seguida, retomam as relações, a fim de preservarem o casamento das investidas do demônio. Ao ler a *Humanae vitae*, pude apreciar o equilíbrio da Igreja em seu entendimento acerca da contracepção. Havia um modo piedoso de vivenciar o ato conjugal e de ser prudente em circunstâncias sérias, pela prática da abstinência nos períodos de fertilidade mútua.

Assim como ocorre com a comida, em que há momentos em que o jejum é útil, o mesmo se dá em relação ao ato conjugal e à abstinência por razões de oração. Ademais, exceto por milagre, alguém sequer sobreviveria fazendo jejum a maior parte do tempo. Da mesma forma, o PNF era apresentado como prescrição para as dificuldades, e não como vitamina diária para a saúde de modo geral.

Um dia, na biblioteca, depois de ter explicado tudo isso a um colega do seminário que ainda era solteiro, ele me desafiou. — Kimberly, você e Scott pararam de usar o controle de natalidade?

— Não, ainda não.

— Você realmente parece estar convencida de que isso é errado.

Respondi com esta história: — A galinha e o porco de um certo fazendeiro Brown estavam conversando sobre quão abençoados eles eram, por terem um dono tão maravilhoso. "Acho que deveríamos fazer algo especial para o fazendeiro Brown", propôs a galinha. "O que você propõe?", perguntou o porco. "Vamos preparar um café-da-manhã com ovos e presunto", gracejou a galinha. "Bem", retorquiu o porco, "para você está bom. É só uma doação. Mas, para mim, é entrega total".

— Terry, levarei seu desafio a sério, mas é muito mais difícil para mim arriscar obediência nessa área do que para você, que é um homem solteiro.

Depois que ele aceitou rezar por Scott e por mim, tomamos nossos próprios caminhos para casa. Quando Scott e eu discutimos isso, Scott concordou que ele também estava convencido contra a contracepção; entretanto, sugeriu que talvez pudéssemos adiar a decisão, para o caso de mudarmos de idéia. Senti que a tentação de abdicarmos de nossas convicções seria grande demais. Então, juntos, jogamos fora os anticoncepcionais e demos início a um novo nível de confiança em Deus, com nossas vidas e nossa fertilidade.

Durante os anos de seminário, Scott e eu tivemos muitas oportunidades de estudar teologia lado a lado, encorajando, exortando e desafiando um ao outro, assim como a nossos amigos. Pequenos grupos de casais para estudos bíblicos eram uma grande fonte de bênçãos. O envolvimento no ministério da igreja nos desafiou a colocar em prática o que estávamos aprendendo. E muitas das discussões teológicas com colegas de classe, durante as refeições em nosso apartamento, agitaram nossas vidas.

Quando estava com outras colegas seminaristas, a discussão freqüentemente se voltava para qual trabalho cada uma esperava conseguir logo após a formatura. Não vi muitas colegas otimistas quando manifestei o que queria fazer após receber o diploma: se eu não engravidasse, estaria aberta a assumir um cargo de ensino em teologia e exercer o ministério ao lado de Scott; se engravidasse, o que eu esperava que ocorresse logo, usaria o conhecimento adquirido para ser de maior auxílio a Scott, para ensinar nossas crianças e para conduzir os estudos bíblicos femininos.

Meus pais (que estavam bancando meus estudos) compreendiam meu objetivo e me apoiaram muito. Eles não ligavam se eu receberia ou não um salário pelo meu mestrado. Viam nisso uma oportunidade de desenvolver meus dons para o Senhor e confiavam que o Senhor nos mostraria como deveriam ser usados.

Em sua maior parte, o estudo teológico não desafiava muito nossas crenças (como no caso da contracepção), não tanto quanto o aprofundamento de nossa compreensão e avaliação dos fundamentos que já estavam assentados em nossas vidas, com uma notável exceção: se era válido ou não afirmar que somos justificados somente pela fé.

Gradualmente, adquirimos a convicção de que Martinho Lutero deixara suas convicções teológicas contradizerem as próprias Escrituras que ele teria, supostamente, escolhido obedecer, em vez da Igreja Católica. Ele havia declarado que uma pessoa não é justificada por suas boas obras de amor, mas apenas pela fé. Chegou a acrescentar a palavra "apenas" após "justificado", na sua tradução para o alemão da Rm 3, 28, e chamou a carta de São Tiago de "epístola de palha", pois a Tg 2, 24 afirma "[...] não somos justificados apenas pela fé".

De novo, e estranhamente para nós, a Igreja Católica tinha razão em um ponto-chave: justificação significava tornar-se filho de Deus e ser chamado a viver como filho fiel de Deus, por meio das boas obras de amor. São Paulo, em Ef 2, 8–10, esclarecia que a fé — que devemos ter — era dom de Deus, não por causa de nossas obras, para que ninguém pudesse vangloriar-se; e que a fé nos capacitava a praticar as boas obras que Deus planejara que praticássemos. A fé era, ao mesmo tempo, dom de Deus e nossa resposta obediente à misericórdia de Deus. Ambos, protestantes e católicos, poderiam concordar que a salvação era apenas pela graça.

Nesse ponto, eu não estava imersa na teologia da Reforma, portanto a mudança de perspectiva sobre a justificação não parecia importante. Era importante entender a questão, mas eu sentia que todos poderiam concordar que somos salvos apenas pela graça, mediante as boas obras de amor. E, se tivesse tido tempo o bastante para explicar por que eu acreditava nisso, nenhum dos meus amigos teria me rotulado de católica na época. Entretanto, para Scott, essa virada teológica era, na verdade, uma mudança drástica que, depois, teria maiores implicações em nossa vida.

Conforme nos aproximávamos do fim do nosso último ano na Gordon-Conwell, descobrimos que o Senhor havia (finalmente) nos abençoado com um filho. Embora isso alterasse nossos planos de estudar na Escócia, estávamos felizes de conhecer a vontade de Deus contida no surgimento dessa criança em nossas vidas. Agora eu sabia que poderia aplicar e ensinar, àquele jovenzinho que eu estava levando abaixo do meu coração, o que tinha desenvolvido na minha mente e no meu coração durante o seminário. Sentia a mais profunda satisfação de poder prosseguir na minha vocação matrimonial pela maternidade. Após a formatura, Scott e eu nos sentimos revigorados de cumprir a vontade de Deus junto às pessoas que ele nos confiara na Virgínia.

CAPÍTULO 4

Ensinando e vivendo a aliança enquanto família

Scott: Além de liderar dois estudos bíblicos semanais, comecei um trabalho pastoral na Virgínia, pregando em todos os domingos uma média de quarenta e cinco minutos. Era isso que os presbíteros da igreja exigiam. Comecei a pregar com base na Epístola aos Hebreus, do Novo Testamento, pois nenhum outro livro do Novo Testamento enfatiza tanto a idéia da aliança. A congregação que eu conduzia ficou muito entusiasmada com a idéia da aliança como família de Deus.

Quanto mais estudava, mais surpreso ficava com os resultados, porque a epístola era considerada, pelos protestantes que eu conhecia — e com os quais eu concordava —, a epístola mais anticatólica do Novo Testamento. "Um sacrifício definitivo" [Hb 10, 12] e outros trechos parecidos na Carta aos Hebreus nos levaram a essa conclusão.

Eu estava imerso no entendimento de que, "se algo é romano (ou seja, católico romano), devia estar errado". Mas, na verdade, comecei a ver quão importante a liturgia era para a aliança, especialmente em Hebreus.

A liturgia representava o modo como Deus gerava a sua família segundo a aliança e renovava sua aliança continuamente. Eu estava ansioso para compartilhar o que acreditava serem intuições inéditas e inovadoras.

Queria ver as pessoas entusiasmadas com o Antigo Testamento e a sua relação com o Novo — o Antigo fluindo no Novo — e a igreja do Novo Testamento enquanto a realização, e não o abandono, do Antigo. À medida que aprofundava meus estudos, um padrão perturbador começou a surgir: as novas idéias que eu pensava ter descoberto haviam, na verdade, sido antecipadas pelos Padres da Igreja, nos primeiros séculos do cristianismo.

Essa mesma experiência me abalou muitas vezes. Comecei a me perguntar se não estaria simplesmente reinventando a roda.

Quanto mais eu compartilhava essas "inéditas descobertas" sobre a família da aliança de Deus e a devoção de seus filhos, mais entusiasmada ficava minha comunidade. Até os presbíteros me pediam para revisar nossa liturgia. "Nossa liturgia?", eu me perguntava. Os episcopais eram os que falavam de "liturgia"; os presbiterianos têm a "Ordem de Culto"! Mas os presbíteros haviam me pedido para revisar a liturgia, a fim de ajustá-la ao padrão bíblico, então comecei a estudar o assunto.

Confrontei-me com algumas questões: Por que nossa igreja é tão centrada no pastor? Por que nosso serviço de culto é tão centrado no sermão? E por que meus próprios sermões não são realmente elaborados no sentido de preparar o povo de Deus para receber a comunhão?

Eu já havia mostrado aos meus paroquianos que a única passagem bíblica em que Cristo usou a palavra "aliança" foi quando instituiu a eucaristia, ou comunhão, como a chamávamos. Mesmo assim, só comungávamos quatro vezes ao ano. A princípio, isso pareceu estranho para todos nós, mas submeti a proposta da comunhão semanal aos presbíteros regentes.

Um deles me questionou: — Scott, você não acha que celebrar a comunhão toda semana pode tornar o ato muito rotineiro? Afinal, a familiaridade pode gerar desprezo.

— Dick, já vimos como a comunhão representa a renovação da nossa aliança com Cristo, certo?

— Certo.

— Bem, permita-me perguntar uma coisa. Você prefere renovar sua aliança conjugal com sua esposa apenas quatro vezes por ano? Afinal, isso pode se tornar mera rotina e a familiaridade pode gerar desprezo.

Ele riu gentilmente: — Entendi.

A comunhão semanal foi unanimemente aprovada. Nós até começamos a nos referir a ela como a eucaristia (*eucharistia*), tomando emprestado o uso do Novo Testamento grego e da Igreja Antiga.

Celebrar a comunhão toda semana se tornou o ponto alto do culto da nossa igreja. Isso também mudou nossa vida enquanto congregação. Começamos a ter, após o culto, um almoço de confraternização, em que discutíamos o sermão e compartilhávamos nossas preocupações, para que fossem objeto de oração. Começamos a praticar a comunhão e a vivê-la também. Era emocionante. Trazia um sentido real de devoção e comunidade.

Em seguida, conduzi minha comunidade pelo Evangelho segundo João e, para meu espanto, descobri que o Evangelho era carregado de imagens sacramentais.

Durante meu estudo, relembrei uma conversa que tivera alguns anos antes, no seminário, com um bom amigo. Um dia pela manhã, ele se dirigiu à minha esposa e a mim e comentou: — Tenho estudado liturgia. É emocionante!

Lembrei minha resposta ao George. "Para mim, nada é mais tedioso do que liturgia, com exceção dos sacramentos". Eu era assim no seminário, porque liturgia e sacramentos não eram temas de estudo. Esses assuntos não faziam parte da nossa formação, nem de nossas leituras; não eram coisas às quais estávamos abertos. Mas a leitura da Carta aos Hebreus e do Evangelho de João me fizeram ver que a liturgia e os sacramentos eram uma parte essencial da vida da família de Deus.

Nesse ponto, a história de detetive gradativamente se tornou uma história de terror. De repente, e para meu espanto e desânimo, a Igreja Católica Romana, à qual eu me opunha, parecia ter a resposta certa para uma questão após a outra. A situação ficou assustadora.

Durante a semana, eu ensinava as Escrituras em um colégio particular cristão, compartilhando tudo sobre a aliança enquanto família de Deus, e meus alunos estavam gostando. Expliquei a seqüência de alianças que Deus estabelecera com seu povo.

Desenhei uma linha do tempo e mostrei como cada aliança foi o modo que Deus usara para gerar a sua família ao longo dos séculos. Sua aliança com Adão foi um casamento; a aliança com Noé foi um lar com sua família; a aliança com Abraão foi uma tribo; a aliança com Moisés fez, das doze tribos, uma família de nações; a aliança com Davi estabeleceu Israel como uma família de reinos; Cristo fez a Nova Aliança para ser a família universal ou "católica" (do grego *katholikos*) de Deus, incluindo todos os povos, judeus ou gentios.

Eles estavam muito empolgados — aquilo fazia sentido em toda a Bíblia.

Um aluno perguntou: — Com o que essa família universal se pareceria?

Desenhei uma grande pirâmide no quadro, explicando: — Seria como uma extensa família abrangendo o mundo todo, com figuras paternas em todos os níveis, apontadas por Deus para administrar seu amor e sua Lei aos seus filhos.

Um dos meus alunos católicos comentou em voz alta: — Essa pirâmide parece muito com a Igreja Católica, com o Papa no topo.

— Oh! não — rapidamente respondi. — O que estou dando a você é o antídoto para o catolicismo. — Eu realmente acreditava nisso ou ao menos estava tentando acreditar. — Além disso, o Papa não é um pai; ele é um ditador.

— Mas Papa significa pai.

— Não, não significa — fui veloz na correção.

— Significa, sim — alguns alunos disseram em coro.

Está bem, então os católicos estão certos em mais um aspecto. Eu poderia admiti-lo, mas estava assustado. Eu mal sabia o que estava por vir.

No almoço, uma de minhas alunas mais perspicazes veio até mim. Representando um pequeno grupo de alunos, ela declarou: — Fizemos uma votação e houve unanimidade: achamos que você se tornará um católico romano.

Eu ri — mas de nervoso. "Isso é loucura!". Calafrios subiam e desciam pela minha espinha. Ela, bem presunçosamente, cruzou os braços e voltou para o seu lugar.

Ainda estava atordoado quando cheguei em casa, naquela tarde. Disse a Kimberly: — Você nunca adivinhará o que Rebekah disse hoje. Ela me contou que um grupo de estudantes fez uma votação e concluiu que me tornarei católico romano. Consegue imaginar esse absurdo?

Esperei que Kimberly risse comigo. Ela só olhou para mim, impassível, e disse: — Bem, você vai?

Eu não podia acreditar nos meus ouvidos! Como ela podia pensar que eu trairia a verdade das Escrituras e da Reforma com tanta facilidade? Sentia como se um punhal estivesse sendo cravado nas minhas costas.

Gaguejei: — Como pode dizer isso? Que traição da sua confiança em mim como pastor e professor. Católico?! Fui criado nos escritos de Martinho Lutero. O que você quer dizer com isso?

— Eu costumava ver você como um anticatólico ferrenho, comprometido com os princípios da Reforma. Mas, agora, aí está você constantemente falando sobre sacramentos, liturgia, tipologia e eucaristia.

E ela acrescentou algo que nunca esquecerei. — Às vezes, acho que você talvez seja um Lutero às avessas.

Lutero às avessas! Não consegui fazer qualquer comentário. Fui para o meu escritório, tranquei a porta e, trêmulo, sentei-me na cadeira da minha escrivaninha. Lutero às avessas? Eu estava atordoado, perplexo e confuso. Eu podia estar perdendo a minha alma! Podia estar perdendo o Evangelho! Eu, que sempre havia desejado ser um escravo da palavra de Deus — e que acreditava sê-lo! Mas aonde isso estava me levando? Lutero às avessas — as palavras continuavam a reverberar em minha cabeça.

Não era mais mera especulação teológica. Apenas algumas semanas antes, Kimberly havia dado à luz o nosso filho, Michael. Nunca esquecerei o sentimento de me tornar pai pela primeira vez. Olhei para meu filho e percebi que o poder vivificante da aliança era mais do que uma teoria.

Enquanto o segurava nos braços, perguntava-me a qual igreja ele pertenceria, ou seus filhos e netos. Afinal, eu estava conduzindo, como pastor, uma igreja presbiteriana que havia se separado de um grupo dissidente (a Igreja Presbiteriana Ortodoxa) que, por sua vez, havia se separado de outra divisão (a Igreja Presbiteriana dos Estados Unidos), tudo neste século! (Não era à toa que nos chamávamos de a divisão dos P!).

Criar a minha própria família fez surgir, dentro de mim, um anseio pela unidade da família de Deus, um desejo mais profundo do que jamais havia experimentado. Pelo bem de minha família e da d'Ele, orei para que Deus me ajudasse a acreditar, viver e ensinar a sua palavra, não importando o que custasse. Eu queria manter o coração e a mente inteiramente abertos às

Sagradas Escrituras e ao Espírito Santo, e a qualquer fonte que me levasse a uma compreensão cada vez mais profunda da palavra de Deus.

Enquanto isso, fui contratado como instrutor em um seminário presbiteriano local. O assunto da minha primeira aula foi o Evangelho de João, sobre o qual eu também estava proferindo uma seqüência de sermões na igreja. Nos meus estudos, mantinha dois capítulos à frente da seqüência. Quando cheguei ao sexto capítulo do Evangelho na minha preparação, dediquei semanas ao estudo cuidadoso dos seguintes versículos (Jo 6, 52–68):

> A essas palavras, os judeus começaram a discutir, dizendo: "Como pode este homem dar-nos de comer a sua carne?". Então Jesus lhes disse: "Em verdade, em verdade vos digo: se não comerdes a carne do Filho do homem, e não beberdes o seu sangue, não tereis a vida em vós mesmos. Quem come a minha carne e bebe o meu sangue tem a vida eterna; e eu o ressuscitarei no último dia. Pois a minha carne é verdadeiramente uma comida e o meu sangue, verdadeiramente uma bebida. Quem come a minha carne e bebe o meu sangue permanece em mim e eu nele. Assim como o Pai que me enviou vive, e eu vivo pelo Pai, assim também aquele que comer a minha carne viverá por mim. Este é o pão que desceu do céu. Não como o maná que vossos pais comeram e morreram. Quem come deste pão viverá eternamente...".
>
> Desde então, muitos dos seus discípulos se retiraram e já não andavam com ele. Então Jesus perguntou aos doze: "Quereis vós também retirar-vos?". Respondeu-lhe Simão Pedro: "Senhor, a quem iríamos nós? Tu tens as palavras da vida eterna".

Imediatamente, me questionei sobre o que meus professores haviam me ensinado — e o que eu estava pregando à minha comunidade — sobre a eucaristia ser um mero símbolo — um símbolo profundo, certamente, mas apenas símbolo.

Depois de muito rezar e estudar, percebi que Jesus não podia ter se expressado figurativamente, quando nos ensinou a respeito de comer a sua carne e beber o seu sangue. Os judeus que estavam na sua presença não teriam se sentido ultrajados e escandalizados por mero símbolo. Além disso, se tivessem interpretado mal o que Jesus lhes falava literalmente (considerando que fosse a vontade de Jesus que suas palavras fossem tomadas em sentido figurado), ele poderia ter facilmente esclarecido sua fala. De fato, uma vez que muitos discípulos não mais seguiam Jesus por causa do seu ensinamento (versículo 60), ele teria ficado moralmente obrigado a explicar sua fala em termos puramente simbólicos.

Mas ele nunca o fez. Nem qualquer cristão, por mais de mil anos, jamais negou a presença real de Cristo na eucaristia. Nenhuma surpresa. Então, fiz o que qualquer pastor ou professor de seminário faria, se quisesse manter o seu trabalho. Prontamente interrompi minha seqüência de sermões sobre o Evangelho de João no fim do capítulo cinco e, basicamente, ignorei o capítulo seis nas minhas aulas.

Embora minha comunidade e alunos estivessem empolgados com o restante das minhas exposições, eles tinham a impressão de que aquele não era o presbiterianismo histórico e convencional. Não consegui lhes dizer que aquilo que estavam ouvindo — e ao qual reagiam com tanto entusiasmo — ecoava idéias das Escrituras que, de alguma forma, em algum lugar, a Igreja Católica havia descoberto ao longo de sua trajetória.

Uma noite, após horas de estudo, parei na sala de estar e anunciei a Kimberly que eu achava que não continuaríamos sendo presbiterianos. Estava tão convencido, com base nas Escrituras, da necessidade de dar mais prioridade aos sacramentos e à liturgia do que lhes conferia a tradição presbiteriana, que sugeri a possibilidade de adotarmos a tradição da Igreja Episcopal.

Ela se sentou na poltrona e começou a chorar. — Scott, meu pai é pastor presbiteriano. Meu tio é pastor presbiteriano. Meu irmão está se preparando para ser pastor presbiteriano. E você é pastor presbiteriano. Não quero deixar de ser presbiteriana.

Kimberly havia se posicionado. Mas o que ela não sabia era que eu esperava, à época, que o caminho terminasse na Igreja Episcopal, embora não tivesse certeza disso.

Minha aula sobre o Evangelho de João havia transcorrido tão bem que me pediram para dar mais algumas aulas no semestre seguinte. Na verdade, me pediram para ser professor em tempo integral, e as aulas foram ainda melhores.

Na minha aula de história da Igreja, um dos meus melhores estudantes (um ex-católico) fez uma apresentação do Concílio de Trento. Logo após a apresentação, ele fez uma pergunta absolutamente surpreendente.

Ele disse: — Professor Hahn, o senhor nos mostrou que *sola fide* não está nas Escrituras; nos ensinou como o grito de guerra da Reforma está errado, quando se trata de interpretar Paulo. Como o senhor sabe, o outro grito de guerra da Reforma foi *sola scriptura*: somente a Bíblia é nossa autoridade, e não o Papa, nem os concílios eclesiais ou a Tradição. Professor, onde a Bíblia ensina que "apenas as Escrituras" são a nossa única autoridade?

Olhei para ele e comecei a suar frio.

Ninguém havia perguntado isso antes. No seminário, diziam que eu era uma espécie de *mosca socrática*, sempre fazendo as perguntas mais incômodas, mas esta nunca havia me ocorrido.

Disse o que diria qualquer professor flagrado no despreparo: — Que pergunta idiota! — Assim que as palavras saíram da minha boca, parei estupefato, pois havia jurado que, como professor, nunca diria aquelas palavras.

Mas o estudante não ficou intimidado — ele sabia que não era uma questão idiota. Ele me olhou bem nos olhos e disse: — Apenas me dê uma resposta idiota.

Eu disse: — Primeiro, vamos analisar Mt 5, 17. Depois, 2Tm 3, 16–17: "Toda a Escritura é inspirada por Deus, e útil para ensinar, para repreender, para corrigir e para formar na justiça. Por ela, o homem de Deus se torna perfeito, capacitado para toda boa obra". E poderíamos ver o que Jesus diz sobre a tradição, em Mt 15.

A resposta do estudante foi sagaz. — Mas, professor, Jesus não estava condenando toda a tradição em Mt 15, apenas a tradição corrompida. Quando 2Tm 3, 16 diz "toda a Escritura", não há a afirmação de que "apenas a Escritura" é proveitosa. Oração, evangelização e muitas outras coisas são também essenciais. E o que dizer de 2Ts 2, 15?

— Sim, 2Ts 2, 15 — eu disse, sem muita convicção. — O que diz mesmo?

— Paulo diz aos tessalonicenses: "Assim, pois, irmãos, ficai firmes e conservai as tradições que de nós aprendestes, seja por palavras, seja por carta nossa".

Retruquei: — Sabe, John, estamos nos desviando do assunto. Vamos prosseguir e compartilharei algo sobre isso na próxima semana.

Eu podia ver que ele não ficara satisfeito. Nem eu. Naquela noite, enquanto dirigia para casa, olhei as estrelas e suspirei: "Senhor, o que está acontecendo? Onde as Escrituras ensinam a *sola scriptura*?".

Havia dois pilares sobre os quais os protestantes baseavam sua revolta contra Roma: um já havia caído, o outro estava balançando. Eu estava assustado.

Estudei durante toda a semana. Não cheguei a lugar algum. Então, telefonei para alguns amigos. Não avancei muito. Finalmente, telefonei para dois dos melhores teólogos da América, bem como para alguns dos meus antigos professores.

Aqueles a quem consultei estavam estupefatos comigo, por ter explicitado uma questão como aquela. Eles estavam ainda mais consternados com o fato de eu não estar satisfeito com suas respostas.

A um professor, eu disse: — Talvez eu esteja sofrendo de amnésia, mas, de alguma forma, esqueci as razões simples para acreditar que a Bíblia seja nossa única autoridade.

— Scott, que pergunta idiota!

— Apenas me dê uma resposta idiota.

— Scott, — ele respondeu — na verdade, não se pode demonstrar a *sola scriptura* a partir das Escrituras. A Bíblia não declara expressamente que ela é a única autoridade do cristão. Em outras palavras, Scott, a *sola scriptura* é, essencialmente, a confissão histórica dos reformadores em resposta e contra a alegação católica de que são as Escrituras mais a Igreja e a Tradição. Para nós, então, é um pressuposto teológico, nosso ponto de partida, e não uma conclusão provada.

Ele me indicou os mesmos textos das Escrituras que eu havia aconselhado aos meus alunos, e eu lhe devolvi as mesmas respostas mordazes.

— O que mais havia? — eu queria saber.

— Scott, olhe o que a Igreja Católica ensina! A Tradição católica obviamente está errada.

— Obviamente está errada — concordei. — Mas onde a noção básica da tradição é condenada? Além disso, o que Paulo queria dizer quando exortou os tessalonicenses a preservar a *tradição*, tanto escrita, quanto oral? — E continuei a pressionar. — Não é irônico? Insistimos que os cristãos podem acreditar apenas no que a Bíblia ensina. Porém, a Bíblia não ensina que ela mesma é nossa única autoridade!

Perguntei a outro teólogo: — Qual é, para você, o pilar e o fundamento da verdade?

Ele respondeu: — A Bíblia, é claro!

— Então, por que a Bíblia diz em 1Tm 3, 15 que a Igreja é o pilar e o fundamento da verdade?

— Você me coloca numa posição difícil, Scott!

— Sou eu que me sinto em uma posição difícil!

— Mas, Scott, qual igreja?

— Há quantos candidatos para a função? Quero dizer, quantas igrejas de fato alegam ser o pilar e o fundamento da verdade?

— Isso significa que você está se tornando católico romano, Scott?

— Espero que não.

Senti o chão tremer, como se alguém estivesse puxando o tapete sob os meus pés. Essa questão era maior do que todas as outras, e ninguém tinha uma resposta.

Pouco depois, o presidente do conselho do seminário me abordou e me convidou, em nome dos administradores, a aceitar um cargo de tempo integral como reitor do seminário. Essa oferta se baseava no fato de que meus cursos tinham tido um desempenho bastante bom e que os alunos estavam entusiasmados.

Esse era o emprego que sonhava conseguir aos cinqüenta anos! E ali estava ele, caindo no meu colo aos vinte e seis. Embora não pudesse contar o real motivo, recusei. Quando fui para casa naquela noite, tive que falar com minha esposa sobre a oferta que recebera.

— Kimberly, não há nada no mundo que eu mais preferisse fazer do que lecionar no seminário. Mas quero saber se estou ensinando a verdade, porque, algum dia, me apresentarei diante de Cristo para prestar contas do que andei ensinando ao seu povo. Não será suficiente me esconder atrás da minha denominação e dos meus professores. Preciso estar preparado para olhá-lo bem nos olhos e declarar: "Senhor, ensinei a eles o que vós me ensinastes na vossa palavra". E, Kimberly, não tenho mais certeza do que ela me diz. Não posso lecionar até que eu esteja seguro. — E me preparei para a sua resposta.

Ela graciosamente respondeu: — É isso que valorizo tanto em você, Scott. Mas isso significa que precisamos confiar no Senhor para providenciar um emprego.

Deus a abençoe.

Essa conversa levou a outra decisão dolorosa. Anunciei minha renúncia aos presbíteros da Trinity Presbyterian Church.

Neste ponto, eu não sabia o que iria fazer, sabia apenas que devia ser íntegro. Como pastor, não poderia ensinar até que tivesse mais clareza. Kimberly e eu nos colocamos sob o Senhor e rezamos para saber o próximo passo.

Tudo o que eu sabia era que queria acreditar, entender, ensinar e amar o que quer que Deus revelasse na sua palavra.

Kimberly: Nossa chegada à Virgínia deu início ao que eu descreveria como "A fábula das quatro estações". Entramos no "verão" da concretização de nossos sonhos. Scott era pastor na Trinity Presbyterian Church, professor na Fairfax Christian School e, mais tarde naquele ano, instrutor no Dominion Theological Institute. Eu era a esposa do pastor, o que sempre quis ser, e estava me tornando mãe pela primeira vez.

Scott pregava e ensinava, compartilhando o que estava no seu coração após muitas horas de estudo e preparação, e eu estava encantada em aprender com suas aulas. Também fizemos muitos novos amigos e estreitamos laços com amigos do seminário, os quais haviam acabado de se mudar para localidades próximas, o que muito contribuiu para nossa adaptação.

Em quatro de dezembro de 1982, nasceu Michael Scott. Como isso modificou nosso casamento! Toda a vida tinha um significado maior, porque queríamos dividir isso com ele. Era tão empolgante ter uma pessoinha para quem cantar, com quem rezar e a quem dizer tudo o que pudesse sobre o Senhor. O egoísmo residual, que Scott e eu não havíamos percebido em nós mesmos, nos desafiava dia após dia (e noite após noite), o que, por sua vez, nos ensinou mais profundamente sobre o Senhor do que nunca.

Scott começou a aprofundar seus estudos de liturgia e fez mudanças interessantes na nossa ordem de culto. Mudamos a freqüência da comunhão para semanal, o que, para uma igreja presbiteriana, é bastante incomum. Embora recebêssemos a comunhão com mais freqüência, ainda acreditávamos que ela era apenas uma representação simbólica do sacrifício de Cristo e nada mais. Entretanto, o estudo de Scott do Evangelho de João e de Hebreus, em preparação para as suas aulas e sermões, estava gerando novos questionamentos que, às vezes, o inquietavam.

Scott adquiriu muito conhecimento com os primeiros Padres da Igreja e partilhou algumas coisas em seus sermões. Isso era bastante inesperado para nós dois, que quase não havíamos lido os Padres da Igreja no seminário. Na verdade, em nosso último ano, tínhamos inclusive reclamado explicitamente, entre amigos, de um possível romanismo insidioso, quando um padre anglicano ofereceu um curso sobre os antigos Padres da Igreja. Mas eis que, agora, Scott os citava nos sermões!

Uma noite, Scott veio de seus estudos e disse: — Kimberly, tenho que ser honesto. Você conhece algumas das questões com as quais estou lutando. Não sei por quanto tempo seremos presbiterianos. Acho que devemos nos tornar episcopais.

Sentei-me na cadeira da sala e comecei a chorar. Pensei: — Se eu quisesse ser episcopal, teria me casado com alguém que o fosse! — Eu não queria ser episcopal. Até onde Scott iria nessa "peregrinação"? De uma coisa eu tinha certeza: ele achava que nem mesmo os católicos conscientes podiam ser cristãos, então, não havia qualquer chance de ele se tornar católico.

Até que chegamos àquela noite fatídica em que um aluno (ex-católico) perguntou: — Onde a Bíblia ensina a *sola scriptura*?

Enquanto Scott se esforçava para encontrar uma resposta para esse jovem, ele compartilhou comigo sua preocupação primordial de que a divisão entre protestantes e católicos, no tempo da Reforma, fora baseada em dois grandes princípios: *somos justificados apenas pela fé* e *nossa autoridade deriva somente das Escrituras*. Scott e eu já havíamos estudado a questão da justificação e não mais endossávamos a concepção protestante. Mas, e se a autoridade emanando só das Escrituras não fosse corroborada pelas... Escrituras? O que isso significaria?

No fim do ano acadêmico, o conselho do seminário convidou Scott para ser reitor. Reitor! Aos vinte e seis anos de idade! No entanto, Scott recusou essa oferta maravilhosa. Respondeu que, naquele momento, não tinha certeza de que continuaria a ser pastor, porque tinha muitas perguntas importantes sem respostas. Ele precisava de um lugar onde pudesse estudar as questões que tanto o inquietavam, de modo que pudesse lecionar com integridade, convicto de que estava ensinando a verdade, com base na palavra de Deus.

Embora aquilo fosse difícil de ouvir, eu valorizava a integridade de Scott. Sem dúvida alguma, ele precisava estar apto a se apresentar diante de Cristo, no Dia do Juízo, e prestar contas de tudo o que havia ensinado. Essa decisão nos prostrou de joelhos.

Após muita oração, decidimos voltar para Grove, nossa cidade universitária. Foi depois que havíamos decidido ir — e até de alugarmos uma casa lá — que o reitor da faculdade chamou Scott e lhe ofereceu um cargo. Interpretamos isso como um sinal da bênção de Deus sobre a nossa decisão de retornar a Grove City. Fizemos as malas e nos despedimos de bons amigos, para começar uma nova fase na vida de nossa família.

Scott, Kimberly e Michael (aos três meses de idade). Março de 1983.

CAPÍTULO 5

A busca de Scott pela Igreja

Scott: Decidimos retornar para a cidade universitária, onde tínhamos nos conhecido. Queríamos começar nossa família em uma cidade pequena e agradável, onde conhecíamos muitas pessoas, ao mesmo tempo que eu esperava encontrar um trabalho que deixaria minhas noites livres para estudar as questões difíceis que estavam me incomodando.

Aceitei uma oferta para servir como assistente do reitor da Grove City College. Era o emprego ideal. Eu trabalhava das nove às cinco horas na administração e também atuava como instrutor convidado, em horário parcial, no departamento de teologia, ministrando um curso a cada semestre. Isso me deixava com as noites livres para estudar.

Um dos meus antigos professores de faculdade me perguntou por que estávamos voltando à cidade. Ele tinha ouvido que eu fora pastor em uma igreja próspera na Virgínia e que lecionara no seminário local. Não conseguia entender por que tínhamos voltado. Dei a entender que a vida nos arredores de Washington era corrida demais. Queríamos estabelecer uma família... Eu não podia contar a ele todas as razões, até porque eu mesmo ainda não tinha certeza.

Pouco tempo depois de nossa mudança, em visita aos meus sogros em Cincinnati, encontrei uma loja de livros usados que tinha comprado a biblioteca de um padre falecido, um especialista nas Escrituras bastante conhecido. Nos dois anos seguintes, adquiri cerca de trinta caixas de seus livros de teologia. Comecei devorando-os intensamente por cinco, seis, até sete horas, à noite. Pude ler pelo menos duzentos livros. Pela primeira vez, eu ouvia falar do catolicismo pela boca de quem entendia do assunto.

Algumas vezes, à noite, eu jogava um jogo com Kimberly, que eu chamava "Adivinhe o teólogo". Uma ocasião, li um trecho do Concílio Vaticano II e perguntei a ela: — Quem é o autor?

Ela disse: — Isso parece com um dos seus sermões lá na Virgínia. Você não sabe o quanto me faz falta ouvir você pregar!

— Aquilo não era eu. Era o Concílio Vaticano II. Consegue acreditar?

— Não quero ouvir isso — foi sua única resposta.

Continuei a ler todo tipo de livro sobre a teologia católica. Uma noite, parei na sala de jantar, a caminho dos meus estudos, e disse: — Kimberly, tenho que ser honesto. Li muitos livros católicos esses dias e acho que Deus está me chamando para a Igreja Católica.

Ao que Kimberly rapidamente replicou: — Não podemos nos tornar episcopais? — Aparentemente, havia algo mais pavoroso do que se tornar episcopal. Qualquer coisa, menos católico.

Fui a um seminário bizantino católico apenas para assistir à Liturgia das Horas. Não era uma missa; somente oração, com todas as prostrações, incensos e ícones, aromas e sinos. Quando terminou, um seminarista me perguntou: — O que achou? — Murmurei simplesmente: — Agora sei por que Deus me deu um corpo: para adorar a Deus com seu povo na liturgia.

Dirigi de volta para casa, buscando e pedindo a ajuda de Deus. Eu ainda esperava encontrar um erro grave que me preservasse de "atravessar o Tibre",[1] como dizemos, ou de "aceitar a autoridade do Papa".

Comecei a analisar a ortodoxia. Encontrei-me com Peter Gilquist, evangélico convertido à Igreja Ortodoxa Antioquena, para saber por que ele escolhera a Ortodoxa, em vez da Romana. Seus motivos reforçaram minha impressão de que o protestantismo estava errado; mas eu também achava que sua defesa da ortodoxia em detrimento do catolicismo era insatisfatória e superficial. Após um exame mais minucioso, verifiquei que várias igrejas ortodoxas eram infelizmente separadas entre si, à semelhança dos protestantes, exceto pelo fato de que as ortodoxas se dividiam conforme os diferentes nacionalismos étnicos. Havia instituições ortodoxas que se denominavam grega, russa, rutena, romena, búlgara, húngara, sérvia e assim por diante. Elas coexistem há séculos, porém como uma família de irmãos que perderam o pai.

Estudos aprofundados me levaram a concluir que o cristianismo ortodoxo era maravilhoso em sua liturgia e tradição, mas estagnado na teologia. Além disso, estava convicto de que havia equívocos na doutrina, que rejeitara certos ensinamentos das Escrituras e da Igreja Católica, especialmente a cláusula *filioque*

---

[1] A expressão "atravessar o Tibre", para os protestantes, significa converter-se ao catolicismo — NE.

("e do Filho"), que fora acrescentada ao Credo Niceno. Ademais, sua rejeição ao Papa como cabeça da Igreja parecia se basear mais em políticas imperiais do que em qualquer fundamento teológico. Isso me ajudou a compreender por que, ao longo de sua história, os cristãos ortodoxos tendiam a exaltar o imperador e o Estado como acima do bispo e da Igreja (tendência conhecida como "cesaropapismo"). Concluí que a Rússia havia sofrido, ao longo do século XX, as conseqüências dessa perspectiva ortodoxa.

Desde o seminário, eu freqüentemente "debatia" com meu velho amigo da Gordon-Conwell, Gerry Matatics, em uma verdadeira maratona de conversas telefônicas, à noite. Tínhamos realmente muita afinidade. Ele amava a Bíblia tanto quanto eu e odiava a Igreja Católica ainda mais. Ao mesmo tempo, era pastor em uma igreja presbiteriana em Harrisburg. Ambos compartilhávamos a convicção de que a Igreja Católica era totalmente diferente de certas denominações protestantes, tais como metodistas, luteranos ou a Assembléia de Deus — e estávamos de acordo que essas denominações se desviavam um pouco em um ou outro aspecto da doutrina.

Mas, se a Igreja Católica estava errada, não era um desvio pequeno, porque nenhuma denominação, no mundo, fizera as reivindicações ultrajantes que Roma fizera para si mesma. Por exemplo, os metodistas nunca alegaram ser a única e verdadeira igreja fundada por Jesus; nem os luteranos reivindicaram ter, como líder, um Papa que era o Vigário infalível de Cristo na Terra; nem a Assembléia de Deus era conduzida por líderes alegando uma linha ininterrupta de sucessão que remontava a Pedro.

Assim como o Cardeal Newman antes de nós, Gerry e eu entendíamos que, se a Igreja Católica estivesse errada, ela não seria nada menos do que diabólica. Por outro lado, se estivesse certa, deveria ter sido estabelecida e preservada por Deus; mas não levávamos essa opção realmente a sério.

Para ser honesto, eu temia o momento em que Gerry descobrisse o que eu estava lendo e pensando a respeito. Minha suspeita é que era uma questão de tempo, já que conversávamos muito e por longos períodos.

Uma noite, finalmente aconteceu. Estávamos conversando sobre as Escrituras por mais de uma hora quando, de repente, tive o impulso de ler uma passagem para ele, do livro *The Spirit and Forms of Protestantism* [O espírito e as formas do protestantismo], do Padre Louis Bouyer. Não pretendia explicitar título, autor ou mesmo sua filiação confessional. Queria apenas saber qual seria a reação do meu amigo.

Após uma longa pausa, ele suspirou: — Uau, é um bom material, Scott. Quem escreveu isso?

Sua resposta realmente me desconcertou. Não havia previsto que ele gostaria. O que deveria fazer agora?

Respondi sem muita entonação: — Louis Bouyer.

— Bouyer? Nunca ouvi falar dele. O que ele é? Anglicano?

— Não.

— Tudo bem, Scott. Aceito ler autores luteranos.

— Não, ele não é luterano.

— Bem, o que ele é? Metodista?

— Não.

— Diga logo, Scott, o que é isso, jogo de adivinhação? O que ele é?

Cobri minha boca e murmurei: — Católico.

Ouvi Gerry bater no seu telefone e dizer: — Scott, minha conexão deve estar ruim — não compreendi o que você disse.

Murmurei um pouco mais alto: — Eu disse que ele é católico.

— Scott, realmente deve ter algo errado com o meu telefone. Eu juraria que você acabou de dizer que ele é católico.

— E eu disse, Gerry. A verdade é que, ultimamente, tenho lido muitos livros católicos.

De repente, eu estava contando tudo: — Tenho que lhe dizer, Gerry, encontrei uma mina de ouro. Não sei por quê, mas, no seminário, nunca nos falaram sobre as mentes teológicas mais brilhantes dos tempos modernos. Homens como Henri de Lubac, Reginald Garrigou-Lagrange, Joseph Ratzinger, Hans Urs von Balthasar, Josef Pieper, Jean Daniélou, Christopher Dawson e Matthias Scheeben. É incrível — mesmo que estejam errados, eles são uma mina de ouro!

Gerry estava atônito. — Hei! Scott. Calma! Espere um segundo. O que está acontecendo?

Suspirei: — Gerry, preciso da sua ajuda.

Ele disse: — Vou ajudá-lo. Irmão, vou ajudá-lo. Dê-me uma lista de títulos e eu lhe darei uma lista dos melhores livros anticatólicos que conheço.

Assim, enviei a Gerry uma lista dos melhores livros que eu já havia lido sobre teologia católica. Quando a lista de Gerry chegou, percebi que já havia lido todos os títulos que ele sugeria.

Um mês depois, Gerry telefonou de volta.

Kimberly mal podia conter sua empolgação. Ela vinha esperando e orando para que Deus enviasse ajuda.

Ela cochichou para mim, enquanto eu atendia o telefone: — Finalmente alguém vai levar você a sério, Scott. Rezarei por sua conversa.

Naquele mês, desde nosso telefonema anterior, Gerry tinha lido todos e cada um dos títulos da minha lista e mais alguns. Agora, ele inclusive perguntava: — Você poderia me dar alguns outros títulos? Eu realmente quero ser justo.

Para Kimberly, Gerry era o "cavaleiro de armadura brilhante", enviado por Deus para resgatar seu marido da heresia. E ele tinha as credenciais para fazê-lo. Era um acadêmico Phi Beta Kappa que tinha se formado em grego clássico e latim,[2] além de ter estudado hebraico e aramaico. Estava mais do que preparado para o combate.

Eu disse: — Com certeza, Gerry. Será uma satisfação enviar mais alguns títulos para você.

Cerca de um mês depois, conversamos por três ou quatro horas, até mais ou menos três horas da manhã. Deitei-me na cama silenciosamente, para não acordar Kimberly.

Kimberly estava bem acordada e sussurrou: — E aí, como foi?

— Foi ótimo.

---

[2] A Sociedade Phi Beta Kappa é a mais antiga sociedade de honra dos Estados Unidos, e visa promover e defender a excelência em humanidades e ciências — NE.

Ela se sentou na cama. — Verdade? Eu sabia que o Senhor atenderia às minhas preces e Gerry ajudaria.

— Gerry está ajudando. Ele leu todos os livros.

— Scott, ele está realmente levando você a sério.

— Oh, certamente está.

Ela perguntou: — E então, o que ele acha?

— Bem, até o momento, ele diz que não há um aspecto sequer da doutrina católica para o qual não encontre um fundamento nas Escrituras.

Essas não eram as palavras que Kimberly esperava ouvir.

— O quê? — ela reagiu.

Na escuridão, pude senti-la tombar na cama. Ela enterrou seu rosto no travesseiro e começou a soluçar. Tentei reconfortá-la, mas ela disse: — Não me toque. Eu me sinto traída demais!

— Desculpe. Desculpe. Gerry ainda está trabalhando nisso, então, não perca a esperança.

Gerry, que supostamente deveria me resgatar, rendera-se. Começou seu próprio estudo aprofundado das Escrituras e, como resultado, constatou o quanto a fé católica fazia sentido à luz da teologia da aliança e dos antigos Padres da Igreja.

Conversamos muitas vezes, tentando descobrir juntos em que ponto a Igreja Católica estava errada. Tinha que estar — este era o ponto. Como poderíamos provar? Sempre que sentíamos ter encontrado o calcanhar de Aquiles, não apenas descobríamos uma resposta, mas uma resposta irrefutável. Estávamos ficando nervosos.

Nesse ínterim, Kimberly havia acabado de dar à luz o nosso segundo filho, Gabriel. Outro filho significou uma alegria enorme; ao mesmo tempo, intensificou a necessidade de uma solução. Na condição de mãe atarefada, com pouco tempo para estudar teologia, Kimberly ficava cada vez mais ansiosa e confusa. Mas continuei avançando como um zelota.

Era difícil, porque Kimberly realmente não queria falar sobre a Igreja Católica. E era ainda mais difícil porque vários padres que visitei realmente não queriam conversar sobre a Igreja. Às escondidas, eu procurava um padre para me ajudar com algumas das questões que permaneciam sem resposta. Fui desencorajado por um após o outro.

Perguntei a um deles: — Padre Jim, o que deveria fazer caso eu me convertesse à Igreja Católica?

— Primeiro — disse ele —, por favor, não me chame de "padre". Segundo, não acho que você precise realmente se converter. Desde o Concílio Vaticano II, não é ecumênico se converter! A melhor coisa a fazer é simplesmente ser o melhor presbiteriano que puder. Você fará um bem maior à Igreja Católica se apenas ficar onde está.

Espantado, respondi: — Olhe, padre, não estou pedindo que me force a me tornar católico. Acho que Deus está me chamando para a Igreja, onde encontrei meu lar, minha família conforme a aliança.

Ele replicou friamente: — Bem, se você procura alguém para ajudá-lo a se converter, veio até a pessoa errada.

Fiquei atordoado.

A caminho de casa, rezei para que o Senhor me conduzisse a alguém que respondesse as minhas perguntas. Então pensei que talvez eu devesse me matricular nos cursos de teologia de uma universidade católica.

Inscrevi-me no programa de doutorado da Universidade de Duquesne, em Pittsburgh. Fui aceito e ganhei uma bolsa de estudos. Toda semana, eu dirigia até lá para assistir às aulas. Em alguns dos seminários, era o único protestante e o único aluno a defender o Papa João Paulo II! Era esquisito. Eu me vi explicando a padres (e mesmo a ex-padres) como certas crenças católicas eram baseadas nas Escrituras, especialmente na teologia da aliança. Eu não tinha certeza de que, ali, encontraria respostas para meus questionamentos.

Um amigo católico de Grove City, às vezes, me acompanhava até Pittsburgh, onde ele se encontrava com o Padre John Debicki, sacerdote do Opus Dei. Nunca tinha ouvido falar de Opus Dei. Sabia apenas que aquele era um padre que levava a sério os meus questionamentos, dava-me respostas atenciosas e me dizia que estava rezando por mim. Era um homem muito humilde — só mais tarde descobri que ele havia estudado teologia em Roma, onde obtivera o doutorado.

Vários católicos em Duquesne vieram até mim e, à parte, me disseram: — Você de fato valoriza as Escrituras. Ela soa católica quando você fala.

Eu disse: — Acho que ela é católica.

Mais tarde, naquela noite, refleti em voz alta para Kimberly: — Por que Gerry e eu somos os únicos a ver essas idéias católicas nas Escrituras?

Kimberly respondeu meio cinicamente: — Talvez a Igreja sobre a qual você está lendo não exista mais.

Perguntei-me se ela podia estar certa. Era assustador. Sabia que Kimberly estava rezando por mim. Eu também estava rezando muito.

Alguém me enviou pelos correios um rosário de plástico. Quando olhei aquelas contas, senti que estava enfrentando o obstáculo mais difícil de todos: Maria. (Os católicos não têm idéia de quão difíceis são as doutrinas e devoções marianas para os cristãos bíblicos). Tantos aspectos doutrinais da Igreja Católica já se haviam provado biblicamente verdadeiros, então, decidi dar um passo à frente neste também.

Tranquei-me no escritório e rezei em silêncio. Disse: "Senhor, a Igreja Católica acertou noventa e nove vezes em cem. O único grande obstáculo a superar é Maria. Peço perdão antecipadamente se vos ofendo com o que estou prestes a fazer... Maria, se sois ao menos metade do que a Igreja Católica afirma, por favor, levai ao Senhor, por mim, esse pedido em particular — que parece impossível —, por meio desta oração".

Então rezei meu primeiro rosário. Rezei novamente por aquela intenção diversas vezes na semana seguinte, e esqueci o assunto. Três meses depois, percebi que, desde o dia em que rezara meu primeiro rosário, aquela situação aparentemente impossível havia sido completamente revertida. Meu pedido tinha sido atendido!

Minha desatenção e ingratidão me deixaram abalado. Imediatamente agradeci a Deus por sua misericórdia, peguei o rosário nas mãos e, desde então, o rezo diariamente. É uma oração muito poderosa — uma arma inacreditável, que destaca o escândalo da

Encarnação: o Senhor escolheu uma virgem humilde e simples e a elevou para ser aquela que daria a natureza humana sem pecado à segunda Pessoa da Trindade, para que pudesse ser nosso Salvador.

Pouco tempo depois, recebi uma ligação de um antigo colega de faculdade. Pelo jeito, ele soubera que eu estava flertando com a "prostituta da Babilônia", como dizia. Ele foi curto e grosso.

— E então, Scott, já está adorando Maria?

— Ora, Chris, você sabe que católicos não *adoram* Maria, eles simplesmente a veneram.

— Sério, Scott, qual é a diferença? De todo modo, não há base bíblica.

Não sabia o que dizer. Manipulando meu rosário, sussurrei pedindo ajuda a Maria. Encorajado, repliquei: — Você ficaria surpreso.

— É mesmo, como assim?

Comecei a falar o que me vinha à cabeça. — É realmente bastante simples, Chris. Lembre-se apenas de dois princípios bíblicos básicos. Primeiro, você sabe que, como homem, Cristo cumpriu com perfeição a lei de Deus, incluindo o mandamento de honrar seu pai e sua mãe. A palavra hebraica para honra, *kaboda*[h], significa literalmente "glorificar". Logo, Cristo não somente honrou o seu Pai Celeste; ele também honrou perfeitamente a sua mãe terrena, Maria, ao conceder sua própria glória divina a ela.

— O segundo princípio é até mais fácil: a imitação de Cristo. Simplesmente imitamos Cristo não só ao honrar nossas próprias mães, mas também ao honrar quem quer que ele honre — e com a mesma honra que ele concede.

Houve uma longa pausa, antes que Chris dissesse:
— Nunca ouvi a questão abordada dessa forma antes.

Para ser franco, eu também não. — Chris, isso é apenas um resumo do que os Papas vêm dizendo há séculos sobre a devoção a Maria.

Ele começou a retrucar. — Os Papas dizem, mas onde isso está nas Escrituras?

Revidei instintivamente: — Chris, em Lc 1, 48, lê-se: "Por isso, desde agora, me proclamarão bem-aventurada todas as gerações". É isso o que o rosário faz, Chris, ele realiza essa passagem das Escrituras.

Houve uma longa pausa, antes que Chris rapidamente mudasse de assunto.

Dali em diante, continuei a vivenciar como a oração do rosário realmente aprofundava minha própria compreensão teológica das Escrituras. A chave era meditar os quinze mistérios, é claro, mas descobri que a oração em si comunicava uma perspectiva teológica, pois levava em consideração todos os mistérios de nossa fé de acordo com algo que ia além (mas não contra) as potencialidades racionais do intelecto, o que certos teólogos chamam de "lógica do amor".

Essa "lógica do amor", eu primeiro a descobri ao contemplar a Sagrada Família de Nazaré, o modelo para toda unidade familiar. Isso, por sua vez, apontava para a aliança e, em essência, para a própria vida interior de Deus como a única e eterna Sagrada Família: o Pai, o Filho e o Espírito Santo. Essa bela e inspiradora visão começou a preencher o meu coração e a minha mente, mas eu ainda não tinha certeza de que a Igreja Católica deveria ser identificada como a expressão terrena da família da aliança de Deus.

Durante esse período, Gerry e eu mantivemos nossas conversas por telefone. Um dia, ele telefonou para me convidar a acompanhá-lo em uma reunião com um dos nossos mentores mais brilhantes, Dr. John Gerstner, um teólogo calvinista com fortes convicções anticatólicas e formado em Harvard. Gerry lhe disse que estávamos considerando seriamente as alegações da Igreja Católica; por isso, ele estava mais do que querendo nos encontrar para responder as nossas perguntas.

Gerry fez os preparativos. Poderíamos levar nossas edições do Novo Testamento em grego, Bíblias hebraicas, textos conciliares latinos e o que mais quiséssemos; e deveríamos estar prontos para debater qualquer coisa, mas especialmente a *sola fide*.

Nós três nos encontramos para um jantar na York Steak House, não muito longe da casa de Gerry em Harrisburg. Isso significava que o Dr. Gerstner e eu dirigiríamos juntos por muitas horas, na ida e na volta. Eu estava ao mesmo tempo empolgado e nervoso de interagir com um intelectual tão devoto e erudito.

Enquanto Dr. Gerstner e eu estávamos a caminho, tivemos quatro horas de intensa discussão teológica. Compartilhei os argumentos que vinha acumulando, tudo sobre a Igreja Católica ser o ápice da história da salvação no Antigo Testamento e a materialização da Nova Aliança.

Dr. Gerstner ouvia atentamente, respondendo cada tópico com atenção e respeito. Parecia considerar meus argumentos como algo inédito e, durante todo o tempo, insistiu que eles não exigiam que alguém ingressasse na Igreja Católica Romana, à qual ele se referia como "a sinagoga de Satã".

A certa altura, ele me perguntou: — Scott, qual fundamento bíblico você encontra para o Papa?

— Dr. Gerstner, você sabe o quanto o Evangelho de Mateus enfatiza o papel de Jesus como o Filho de Davi e o Rei de Israel, enviado por seu Pai para inaugurar o reino dos céus? Acredito que Mt 16, 17–19 nos mostra como Jesus estabelece isso. Ele deu três coisas a Simão: primeiro, o nome "Pedro" (ou pedra); em segundo, sua promessa de construir a sua Igreja sobre Pedro; e terceiro, as chaves do reino dos céus. É esse terceiro item que achei tão interessante.

— Quando Jesus fala das "chaves do reino", ele está se referindo a uma importante passagem do Antigo Testamento, Is 22, 20–22, na qual Ezequias, o herdeiro real do trono de Davi e do reino de Israel nos dias de Isaías, substituiu seu antigo primeiro-ministro, Shebna, por um novo súdito, chamado Eliaquim. Todos podiam dizer qual dos membros da câmara real era o novo primeiro-ministro, pois a ele foram dadas as "chaves do reino". Ao confiar a Pedro as "chaves do reino", Jesus estabeleceu o gabinete do primeiro-ministro para administrar a Igreja como o seu reino na Terra. As "chaves" são um símbolo, portanto, do gabinete e do primado de Pedro, a ser transmitido ao seu sucessor; e assim tem sido ao longo dos séculos.

Ele respondeu: — É um argumento inteligente, Scott.

— Então, como nós, protestantes, o refutamos?

Ele disse: — Bem, não tenho certeza se já ouvi isso antes. Tenho que refletir mais. Prossiga com os demais tópicos.

Passei a descrever como a família da aliança era o princípio abrangente ou a idéia principal da fé católica.

Explicava Maria como nossa mãe, o Papa como nosso pai, os santos como irmãos e irmãs, os dias festivos como comemorações e aniversários.

— Dr. Gerstner, tudo isso faz muito sentido quando vemos a aliança no centro das Escrituras.

Ele ouviu atentamente. — Agora, Scott, acho que você está levando essa coisa de aliança longe demais.

— Talvez esteja, Dr. Gerstner, mas estou absolutamente convencido de que a aliança é central nas Escrituras, tal como nos ensinaram os maiores protestantes, entre eles, João Calvino e Jonathan Edwards; mas também estou convencido de que a aliança não é um contrato, como eles a entenderam, e sim um vínculo familiar sagrado entre Deus e o seu povo. Se eu estiver errado em algum ponto, me mostre onde. Por favor. Você salvaria a minha carreira.

Ele disse: — Vamos aguardar até que estejamos com Gerry.

Quando chegamos ao local de encontro, durante horas continuamos trabalhando em muitas questões, principalmente a justificação. Apresentei a visão católica de que a justificação não era meramente absolvição, mas sim, na visão do Concílio de Trento, filiação divina. Por seis horas, Gerry e eu discutimos diversos posicionamentos católicos; nenhum foi refutado. Também suscitamos muitos questionamentos que não foram respondidos satisfatoriamente.

No fim, Gerry e eu olhamos um para o outro — estávamos ambos pálidos. Foi um choque para nós. Estávamos esperando e rezando para que alguém pudesse nos salvar da humilhação da conversão.

Quando ficamos a sós por alguns momentos, eu disse: — Gerry, me sinto traído por nossa tradição reformada. Vim aqui pensando que seríamos derrotados. Mas a Igreja Católica não perdeu em nenhum ponto. Os textos citados do Concílio de Trento foram retirados de contexto. Inadvertidamente, ele vem deturpando os cânones, isolando-os das definições que constam nos decretos.

A caminho de casa, conversei ainda mais com o Dr. Gerstner. Pedi a ele para me mostrar em que lugar a Bíblia ensinava a *sola scriptura*. Não ouvi um único argumento novo. Em vez disso, ele me lançou uma pergunta: — Scott, se você concorda que agora possuímos a palavra de Deus inspirada e inequívoca, então do que mais precisamos?

Repliquei: — Dr. Gerstner, acho que a questão principal não se refere ao que precisamos; mas, já que você me fez a pergunta, eu lhe darei minha impressão. Desde a Reforma, surgiram mais de vinte e cinco mil diferentes denominações protestantes. Especialistas dizem que, atualmente, cinco novas são criadas a cada semana. Todas elas alegam que seguem o Espírito Santo e o significado claro das Escrituras. Deus sabe que necessitamos de algo mais.

— Quero dizer, Dr. Gerstner, que, quando os fundadores de nossa nação nos deram a Constituição, eles não pararam aí. Consegue imaginar o que aconteceria se eles tivessem nos dado tão-somente um documento, por melhor que fosse, acompanhado de um comando do tipo: "Que o espírito de Washington possa guiar todos e cada um dos cidadãos"? Teríamos uma anarquia — que é basicamente o que nós, protestantes, de fato temos, no que se refere à unidade da igreja. Em vez disso, os pais fundadores dos Estados Unidos nos deixaram algo além da Constituição; deram-nos um governo, composto por presidente, Congresso e Suprema Corte — todos eles necessários para administrar e interpretar a Constituição. E, se apenas isso é o suficiente para governar um país grande como o nosso, o que seria preciso para governar uma igreja universal?

— É por isso, Dr. Gerstner, que pessoalmente começo a pensar que Cristo não nos deixou apenas um livro e seu Santo Espírito. De fato, ele nunca menciona algo sobre escrituras com os seus apóstolos, em nenhum lugar dos Evangelhos; além disso, pouco mais da metade deles escreveu livros que foram incluídos no Novo Testamento. O que Cristo de fato *disse* a Pedro foi: "Sobre esta pedra, construirei a minha Igreja [...] e as portas do inferno nunca prevalecerão contra ela". Faz mais sentido para mim que Jesus nos tenha deixado com sua Igreja, formada por um Papa, bispos e concílios — todos eles necessários para administrar e interpretar as Escrituras.

O Dr. Gerstner fez uma pausa pensativa. — Isso tudo é muito interessante, Scott, mas você disse que não considera esta a questão principal. Qual é, então, a questão principal para você?

— Dr. Gerstner, acho que a questão principal é o que as Escrituras ensinam acerca da palavra de Deus, porque, em lugar algum, a palavra de Deus está circunscrita somente às Escrituras. Ao contrário, a Bíblia nos fala, em muitos lugares, que a palavra autêntica de Deus deve ser encontrada na Igreja: sua

Tradição (2Tm 2–15; 3, 6), bem como sua pregação e seus ensinamentos (1Pd 1, 25; 2Pd 1, 20–21; Mt 18, 17). É por isso que eu acho que a Bíblia fundamenta o princípio católico de *sola verbum Dei*, "só a palavra de Deus", em vez do lema protestante, *sola scriptura*, "só as Escrituras".

Dr. Gerstner respondeu afirmando — de novo e de novo — que a Tradição católica, os Papas e os concílios ecumênicos ensinam, todos eles, o contrário das Escrituras.

— O contrário de qual interpretação das Escrituras? — inquiri. — Além do mais, os historiadores da Igreja concordam unanimemente que obtivemos o Novo Testamento do Concílio de Hipona, em 393 d.C., e do Concílio de Cartago, em 397 d.C., os quais enviaram seus julgamentos para Roma, para aprovação do Papa. O período entre os anos 30 e 393 é um tempo longo para ficar sem o Novo Testamento, concorda? Além disso, houve muitos outros livros que as pessoas, antigamente, achavam que eram inspirados, tais como a Epístola de Barnabé, o Pastor de Hermas e os Atos de Paulo. Houve também vários livros do Novo Testamento, como a Segunda Epístola de Pedro, Judas e Apocalipse, que alguns achavam que deveriam ser excluídos do cânone. Qual decisão, portanto, foi confiável e definitiva, se a Igreja não ensina com autoridade infalível?

Dr. Gerstner calmamente retrucou: — Papas, bispos e concílios podem e de fato cometem erros. Scott, como você pode achar que Deus tornou Pedro infalível?

Dei uma pequena pausa. — Bem, Dr. Gerstner, protestantes e católicos concordam que Deus certamente tornou o Papa infalível em, pelo menos, duas ocasiões; por exemplo, quando ele escreveu a primeira e a segunda epístola de Pedro. Então, se Deus pôde torná-lo infalível ao ensinar com autoridade por escrito, por que não poderia preservá-lo de erros ao ensinar com autoridade, em pessoa? Da mesma forma, se Deus pôde fazer isso com Pedro — e com os demais apóstolos que escreveram as Escrituras — então, por que ele não poderia fazer isso com seus sucessores também, sobretudo porque ele podia prever a anarquia que haveria, se não procedesse assim? Além do mais, Dr. Gerstner, como podemos ter certeza de que os vinte e sete livros do Novo Testamento são, eles próprios, a palavra infalível de Deus, já que foram os concílios e Papas da Igreja, ambos falíveis, os que estabeleceram a lista?

Nunca esquecerei sua resposta.

— Scott, isso simplesmente significa que tudo o que podemos ter é uma coleção falível de documentos infalíveis!

Perguntei: — Isso é realmente o melhor que o cristianismo protestante histórico pode fazer?

— Sim, Scott, tudo o que podemos é fazer julgamentos prováveis a partir de evidências históricas. Não temos outra autoridade infalível, senão as Escrituras.

— Mas, Dr. Gerstner, como posso ter certeza de que é realmente a palavra infalível de Deus que estou lendo, quando abro os livros de Mateus, ou Romanos, ou Gálatas?

— Como eu disse, Scott, tudo o que podemos ter é uma coleção falível de documentos infalíveis.

Mais uma vez, fiquei insatisfeito com suas respostas, embora soubesse que ele estava representando fielmente a posição protestante. Fiquei sentado ali, ponderando o que ele havia dito sobre a questão fundamental da autoridade e a inconsistência lógica da posição protestante.

Tudo o que pude argumentar foi: — Então eu concluo, Dr. Gerstner, que quando se chega a esse ponto, é preciso considerar conjuntamente a Bíblia e a Igreja — ou ambos, ou nenhum!

Já era a manhã seguinte quando voltei para casa. Ao compartilhar com Kimberly os resultados do nosso dia juntos, ela entrou em pânico. Sua expectativa era que a conversa do dia anterior pusesse um fim naquilo tudo.

Ela exigiu de mim um compromisso: — Por favor, não faça isso abruptamente. Seria muito doloroso.

Prometi a ela: — Se eu me converter, Kimberly, não será antes de 1990. É uma promessa. E me converterei só se for absolutamente necessário; se as conclusões se tornarem inescapáveis. — O ano era 1985. Aquele intervalo parecia tempo o bastante para fazer uma mudança intelectualmente respeitável, caso me convertesse.

Ela disse: — Está bem. Posso viver com isso.

Após muita oração, concluímos que eu precisava trabalhar nisso em tempo integral. Decidimos que o melhor lugar seria a Marquette University, onde eu havia descoberto um time de teólogos católicos notáveis, que amavam a Igreja e ensinavam sua doutrina muito bem. Havia lá um professor jesuíta de teologia, Padre Donald Keefe, que se especializara em teologia da aliança. Quando escutamos que a Marquette me aceitara no programa de doutorado em teologia —

e que estava me oferecendo uma bolsa de estudos integral e um cargo de assistente de ensino — sentimos que Deus estava no comando.

Eu mal sabia — nós mal sabíamos — que nosso casamento estava prestes a embarcar no período mais sombrio e turbulento.

Kimberly: Quando retornamos a Grove City, estávamos entrando em nossa temporada de "outono". Os ventos da mudança começavam a soprar. Belas eram as cores, mas as mudanças que sinalizavam eram indícios de sono e de morte.

Houve uma mudança de ritmo à medida que reorganizávamos nossa família. Scott começou seu trabalho das nove às dezessete horas, como assistente do reitor da Grove City College. Concentrei-me em Michael e na renovação das amizades.

O trabalho de Scott permitia que ele estudasse durante quatro horas, todas as noites. Ia para o estúdio e fechava a porta, e eu não queria que ele a abrisse. Não queria saber o que estava lendo. Enquanto ele mantivesse fechada aquela porta, estava bom para mim.

Estávamos de fato começando a desenvolver separadamente as nossas convicções. Por um lado, eu, grávida do nosso segundo filho, estava atarefada demais; por outro, simplesmente não estava interessada. Eu tinha certeza de que Scott estava indo longe demais, mas que retornaria à lucidez. Quanto a mim, o mais importante era me manter firme.

Uma noite, ele interrompeu o meu sono, empolgado por um pensamento: — Kimberly, você percebe que, à nossa volta, aqui e agora, estão Maria, os santos e anjos incontáveis?

Retruquei rapidamente: — Não no meu quarto! De jeito nenhum!

O que Scott dissera me assustou. Maria? Ele estava pensando muito nela naqueles dias. Parecia que os católicos se concentravam em Maria da mesma forma que nós nos concentrávamos em Jesus: ela era a acessível — era possível amparar-se nela, em vez de encarar o Pai em sua ira. Maria era a ampla porta dos fundos que dava acesso à misericórdia de Deus, enquanto Jesus permanecia como a estreita porta da frente. Esses pensamentos eram repugnantes para mim.

Certa vez, li a respeito de um homem que, em Roma, estava fazendo reparos no teto de uma linda capela, quando observou uma mulher americana entrar na igreja e começar a rezar. Ele quis se divertir um pouco, então, falou baixinho: "Aqui é Jesus". Mas a mulher não respondeu. Ele falou um pouco mais alto: "Aqui é Jesus". Mesmo assim, não houve resposta. Finalmente, o homem falou em voz alta: "Aqui é Jesus!". A mulher olhou para cima e gritou: "Fique quieto, estou falando com a sua mãe!".

Minha perspectiva de como os católicos viam Maria me levaram a pensar que estivessem substituindo o amor, a devoção e o culto a Jesus pelo amor, devoção e inclusive culto a Maria. Falei com Scott sobre essas preocupações. E ele me desafiou com a negligência quase total dos protestantes até mesmo para falar sobre ela, embora Maria fosse, no mínimo, a mulher escolhida e a mais prestigiada de todos os tempos, aquela que deu à luz o Filho de Deus e deu a ele a natureza humana. Os protestantes provavelmente pensavam que estavam compensando a imensa atenção que lhe foi dada pelos católicos.

Quando fui convidada para discursar no jantar natalino das mulheres da igreja, Scott me desafiou a falar sobre Maria. Proferi um estudo bíblico sobre Maria como uma mulher de Deus, sem aludir, de forma alguma, a noções católicas sobre ela (noções em que eu mesma não acreditava na época). Alertei as mulheres que não tivessem medo de honrá-la como a Mãe de Nosso Senhor, porque Jesus era Filho de Deus e Filho de Maria.

Logo após a minha fala, as esposas dos dois pastores cantaram *What Child Is This*, mudando deliberadamente as últimas palavras do refrão para "the babe, the Son of God" [o bebê, o Filho de Deus], porque um pastor havia verbalizado, logo antes do jantar, a preocupação de que esse trecho honrava Maria excessivamente. Que caso emblemático para ilustrar a minha fala!

Lembrei-me da conferência, no seminário, em que o Dr. Nicole afirmou que um concílio ecumênico havia declarado Maria como *Theotokos*, Mãe de Deus. Inicialmente, ficamos todos ofendidos — ela não criou Deus! Mas ele rapidamente esclareceu o propósito daquela afirmação — era necessário, para a nossa salvação, que Jesus fosse plenamente humano *e* plenamente divino: duas naturezas em uma pessoa do Deus Filho. Portanto, uma vez que Maria era a fonte de sua natureza humana, ela era a mãe de Jesus; e, sendo Jesus Deus, ela era a mãe de Deus. Não havia por que ficar ofendido por essa verdade, Dr. Nicole apontou, porque isso salvaguardava a nossa salvação.

Um dia, Scott parou na sala de jantar para dizer: — Tenho lido um monte de livros católicos nos últimos dias. Deus pode estar me chamando para a Igreja Católica.

— Não podemos ser episcopais? — foi minha resposta imediata. Naquela conjuntura, eu preferia permanecer protestante, sendo episcopal, do que me tornar católica romana. Ele sorriu para mim como quem entende o porquê da pergunta. Então, pediu-me para rezar por ele.

Rezar por ele me alegrava, mas não queria conversar sobre suas crescentes convicções. Nesse ponto, eu queria engavetar Scott e afastar essas crescentes convicções para bem longe de mim. Gentilmente, ele tentou compartilhar comigo alguns de seus questionamentos e conclusões, quando fazíamos uma caminhada.

Eu disse: — Scott, você é tão brilhante. Conseguiria convencer qualquer um de qualquer coisa.

Ao que ele replicou: — Então, não tenho nada a dizer para ninguém?

Aquilo me deixou sem palavras. Como eu me permitia dizer, ou mesmo pensar, que ele não tinha nada a me dizer sobre suas reflexões teológicas, se o nosso casamento se baseava, precisamente, nesse tipo de partilha?

Eu não estava desobrigada de enfrentar a verdade apenas porque Scott era uma pessoa persuasiva. Mas eu não queria ouvir. Era muito assustador — havia muito a perder. Eu deveria ter sido ao menos curiosa para saber por que ele pensava que o catolicismo era tão bíblico, sobretudo porque as Escrituras eram a base das minhas convicções. Mas me sentia ameaçada demais para perguntar.

Comecei a sentir como se estivesse casada com um homem diferente daquele que havia conhecido. Tinha me casado com um presbiteriano reformado, não com um cristão genérico. Entretanto, Scott me lembrou que o que me atraíra para ele fora o fato de que ele era um cristão que acreditava na Bíblia, o que ainda era. Implorou-me para acompanhá-lo em seus estudos, mas eu não conseguia. Eu não queria.

Scott tinha sido anticatólico — ele já acreditara que alguém não poderia ser um cristão consciente e permanecer católico romano. Minha abordagem, por outro lado, tinha sido mais equilibrada — católicos podiam ser cristãos; porém eu não precisava e certamente não desejava ser católica. Talvez seus estudos o ajudassem a ser menos crítico em relação aos católicos e mais como eu. Só que não mais condená-los não implicava juntar-se a eles!

Scott sentia que estava à procura da "Madre Igreja" e que talvez ele a tivesse encontrado no catolicismo. Em contrapartida, nunca fui uma entusiasta da necessidade dessa busca (talvez porque eu tenha crescido em uma família e em uma igreja que eram evangélicas e fortes, nas quais essa necessidade fora atendida).

O que Scott agora acreditava parecia bem diferente, se comparado ao que ele tinha acreditado quando éramos estudantes na faculdade. Scott enxergava continuidade onde eu só via descontinuidade. Ele explicava isso usando uma analogia: uma bolota não se parece com um carvalho, mas contém em si a possibilidade de se tornar um.

E diria... "Minhas convicções, na época da faculdade e do seminário, estavam alcançando um florescimento mais rico do que nunca antes. Há um crescimento orgânico, muito embora minhas crenças pareçam diferentes do que eram no início. Ainda creio na Bíblia. Ainda sou um cristão comprometido".

A analogia era plausível, tenho que admitir. Mas também era possível que ele estivesse extrapolando e se metendo em sérios problemas teológicos.

Procuramos aconselhamento com meu pai, que me incentivou a acompanhar os estudos de Scott. Embora eu não quisesse estudar, não seria benéfico crescermos em ritmos diferentes.

Finalmente, concordei em ler um livro, *The Faith of Our Fathers* [A fé de nossos pais], do Cardeal Gibbons. Seu livro era simples, embora fizesse muito sentido. Isso me irritou. O catolicismo não poderia ser tão claro assim! Fiquei tão frustrada que arremessei o livro pela sala, coisa que nunca tinha feito antes.

Não, pensei, eu continuaria agüentando firme e manteria a esperança de que Scott, por si mesmo, pegaria o caminho de volta à verdade. Eu tinha meu mestrado em teologia! Por que deveria reaprender tudo, retornar ao ABC da teologia? Estava ocupada demais com a vida para ser capaz de fazer isso.

O salmista identifica quais eram meus pensamentos naquela época (Sl 69, 14.16):

> Mas, quanto a mim, elevo a vós minha oração, ó Senhor. No tempo aceitável, ó Deus, na abundância do vosso inabalável amor, respondei-me. Com o vosso fiel auxílio, erguei-me da lama. Respondei-me, ó Senhor, pois é bom o vosso inabalável amor; segundo a vossa abundante misericórdia, voltai vosso olhar para mim.

Em meio à turbulência teológica de nossa casa, o Senhor nos abençoou com o nosso querido filho Gabriel Kirk, no nosso quinto aniversário de casamento, dezoito de agosto de 1984. Quando o dei à luz, lembrei de uma oração que Scott e eu tínhamos rezado em nosso primeiro encontro — que Deus fizesse surgir muitos homens piedosos. E pensei: "Senhor, seria Gabriel (e, nesse caso, também o Michael), em parte, uma resposta às orações que fizemos anos atrás? Certamente, é um jeito lento de fazer discípulos, mas, por favor, ajude-nos a fazer deles homens de Deus".

No primeiro ano da vida de Gabriel, vivi uma época atarefada. Além de cuidar de nossos dois filhos pequenos, muitas atividades boas consumiam um tempo que, de outro modo, teria dedicado ao estudo para resolver as questões entre Scott e eu. Além de conduzir três estudos bíblicos, eu presidia o grupo pró-vida local e ajudava a encontrar advogados pró-vida no *campus* da Grove City College. Scott trocou o trabalho em tempo integral na faculdade por um trabalho em tempo parcial com a juventude, em duas igrejas e na faculdade. Também começou a se dedicar ao doutorado na Duquesne University. Embora fosse uma instituição católica, nas aulas ele geralmente se percebia como um defensor solitário da fé católica.

Em meio à sua rotina tão ocupada, Scott ainda estudava. Quando percebi que o interesse de Scott pela Igreja Católica não estava diminuindo, comecei a sentir o peso do que perderíamos, caso Scott se tornasse católico. Todos os sonhos que antes tínhamos partilhado teriam que morrer — sermos uma equipe de pastor e esposa, Scott voltando a lecionar na Grove City College ou no Seminário Teológico

Gordon-Conwell e nós dois viajando em turnês, para falar sobre a fé protestante reformada.

Uma noite, Scott me disse que havia começado a rezar o rosário. Não pude acreditar nos meus ouvidos! Eu sequer sabia que ele tinha um. O estudo e agora essa prática do catolicismo estavam ficando sérios.

Um amigo nosso do seminário, Gerry Matatics, contestou a direção teológica que Scott estava seguindo. Para Scott, eu me referia ao nosso amigo como meu "cavaleiro de armadura brilhante", que me salvaria de um destino ruim. Gerry seguiu Scott, em busca de livros católicos. Eu estava muito grata por isso, especialmente porque Gerry era muito parecido com Scott: era uma pessoa de convicção que realmente almejava a verdade a qualquer custo.

Nunca esquecerei, porém, a noite em que Scott voltou para o quarto, depois de conversar com Gerry durante várias horas, e me contou do grande entusiasmo de Gerry com os livros católicos que estava lendo.

Tudo o que consegui fazer foi chorar. Meu "cavaleiro de armadura brilhante" estava se rendendo! Se Gerry não podia deter Scott, eu não conseguia imaginar quem o faria.

Quando Gerry providenciou um encontro com o Dr. Gerstner, vi minhas esperanças alçarem vôo. Mas logo despencaram ao ouvir o relato de Scott sobre o encontro.

Desde o começo do nosso relacionamento, Scott e eu tínhamos crescido e mudado juntos em nossas convicções, ao menos nas pequenas coisas. Mas, como Scott continuava mudando e eu insistia em minha recusa, ambos começamos a não confiar um no outro.

O alicerce da confiança do nosso casamento estava sendo tremendamente abalado.

Após um dia especialmente agonizante, eu disse a Scott: — Nunca consideraria o suicídio, mas hoje implorei a Deus que me enviasse uma doença fatal, para que eu pudesse morrer e calar todas as perguntas. Então, você poderia encontrar uma boa mocinha católica e seguir com a sua vida.

Scott ficou devastado quando me ouviu manifestar tal angústia. — Jamais diga ou sequer pense nisso novamente! Não quero nenhuma boa mocinha católica. Quero você.

Era o início do "inverno" da minha alma. Eu me recordo de onde estava na sala de estar quando senti a alegria do Senhor partir. Exceto por poucos e breves períodos, ela não retornou por quase cinco anos — uma carência que jamais havia vivenciado em toda a minha vida. A alegria do Senhor, que havia sido a minha força e tinha encorajado o meu espírito, fora bloqueada devido à minha recusa de me abrir para estudar, ler ou mesmo conversar. Senti como se estivesse encarando uma parede, sem saber como ultrapassá-la e sem saber se queria tentar.

"Senhor, a alegria se foi. Quem sois vós? Eu vos conheci durante toda a minha vida. Pensei que vos entendesse, mas agora não entendo nada. Sois o Deus dos católicos ou dos protestantes? Estou tão confusa". Não parecia haver resposta.

CAPÍTULO 6

Alguém volta para Roma, o seu lar

Scott: Foi uma decisão mútua, embora difícil, mudar para Milwaukee para começar o estudo de doutorado, em tempo integral, em teologia e Sagradas Escrituras. Descobri, naquele segundo semestre, seminário após seminário, quão verdadeira e bela a doutrina católica podia ser, e quão convincentes e práticos eram os ensinamentos morais da Igreja referentes a casamento, família e sociedade. Eu me vi defendendo a fé católica quando os próprios católicos não o faziam.

Havia vários estudantes católicos que de fato *defendiam* sua fé e, ao mesmo tempo, a viviam e dela desfrutavam. Compartilhei o escritório com um deles, John Grabowski, que me levou até sua paróquia e me apresentou a liturgia eucarística. Por meio de John, também me familiarizei com uma instituição católica excepcional, chamada Franciscan University of Steubenville, onde ele havia estudado teologia na graduação. Ele me contou tudo sobre a ênfase dessa instituição em "ortodoxia dinâmica". (Eu nem imaginava que, cinco anos depois, daria aulas ali).

Outra estudante de doutorado, Monica Migliorino Miller, inspirou-me de duas formas. Primeiro, ela me ouvia na classe falando como um católico; depois, gentil mas firmemente, me desafiava a seguir minhas convicções católicas. Em segundo lugar, por meio do seu comprometimento corajoso com o trabalho de resgate pró-vida, Monica motivou Kimberly e eu a nos envolvermos nele também. Resultado: Kimberly e eu encontramos o necessário terreno comum, como ativistas pró-família, na luta contra o aborto e a pornografia em toda a região de Milwaukee.

Escrevi artigos defendendo e discutindo posições católicas ortodoxas. Escrevi meus argumentos sobre Mt 16, 17–19 em um artigo de trinta páginas, intitulado "Pedro e as chaves", para um curso sobre o Evangelho de Mateus. O professor, que era protestante, me questionou por mais de uma hora, mas disse não ter encontrado qualquer falha no argumento.

Alguns dos meus amigos não católicos sentiram que era uma visão gloriosa que Deus estava me proporcionando, embora não tivessem idéia de aonde isso me levaria. O tema absorvia tanto a minha imaginação como o meu intelecto.

Escrevi outro artigo, de cem páginas, com o título "*Familia Dei*: Rumo a uma teologia da aliança, família e Trindade", no qual resumi os resultados de mais de dez anos de pesquisa sobre a aliança. Fazia cada vez mais sentido; se aliança significava uma família na qual os membros compartilhavam carne e sangue, então Cristo instituíra a eucaristia para que participássemos do vínculo de carne e sangue da sua família da Nova Aliança, a Igreja Católica.

O Padre John Debicki, meu amigo em Pittsburgh, pôs-me em contato com o Layton Study Center, um centro do Opus Dei em Milwaukee. Os amigos que fiz ali — sacerdotes e membros — me apresentaram uma abordagem prática da oração, trabalho, família e apostolado, que concentrou toda a força da minha experiência evangélica em um sólido plano de vida católica. Lá fui ensinado e encorajado, enquanto leigo, a encontrar modos de transformar meu trabalho em oração. Um dos membros casados, Chris Wolfe, constantemente me desafiava a priorizar ao máximo minha vida interior.

Enfim, o processo de conversão estava se tornando, de maneira sobrenatural, uma fábula *romântica*. O Espírito Santo estava revelando que a Igreja Católica — que antes tanto me aterrorizava — era, na verdade, o meu lar e a minha família. Havia uma sensação estimulante de volta para casa, como se eu tivesse descoberto meu pai, minha mãe, meus irmãos e irmãs mais velhos.

Então, um dia, dei o "golpe fatal": decidi que chegara o momento de ir à missa sozinho. Resolvi ir à paróquia Gesu, da Marquette University. Pouco antes do meio-dia, entrei silenciosamente na capela inferior, para a missa do dia. Não sabia o que esperar; estava só, talvez apenas com um padre e um par de freiras idosas. Sentei-me como mero observador, no banco dos fundos.

De repente, muitas pessoas começaram a chegar, vindas da rua — pessoas comuns e normais. Elas entravam, faziam genuflexão, ajoelhavam-se e rezavam. Uma devoção simples, mas sincera. Era impressionante.

Então, um sino tocou e um padre caminhou em direção ao altar. Permaneci sentado; ainda não tinha certeza se podia ajoelhar. Como evangélico calvinista, eu tinha sido ensinado que a missa católica era o maior sacrilégio que um homem poderia cometer — tornar a sacrificar Cristo —; por isso, não sabia direito o que fazer.

Assisti e escutei enquanto as leituras, orações e respostas — tão repletas das Escrituras — faziam a Bíblia criar vida. Eu quase queria interromper a missa e dizer: "Espere. Essa linha é de Isaías; o cântico é dos Salmos. Uau, nessa oração tem mais um profeta". Identifiquei inúmeros elementos da antiga liturgia judaica que eu estudara tão intensamente.

De repente, percebi que esse era o lugar da Bíblia. Esse era o cenário no qual essa preciosa relíquia familiar deveria ser lida, proclamada e exposta. Então, passamos para a liturgia eucarística, para onde todas as minhas conclusões sobre a aliança convergiam.

Minha vontade era parar tudo e gritar: "Ei, posso explicar o que está acontecendo com base nas Escrituras? Isso é maravilhoso!". Em vez disso, apenas fiquei ali sentado, faminto de uma fome sobrenatural pelo Pão da Vida.

Após pronunciar as palavras de consagração, o sacerdote segurou a hóstia. Senti que a última gota de dúvida era drenada de mim. Com todo o meu coração, murmurei: — Meu Senhor e meu Deus. Vós realmente estais aqui! E, se estais aqui, então quero a plena comunhão convosco. Sem nenhuma reserva.

Recordei-me de minha promessa: "Não antes de 1990". Ah! sim. Tenho que retomar o controle — sou presbiteriano, certo? Certo! E assim deixei a capela, sem contar a ninguém onde tinha estado ou o que havia feito. Mas, no dia seguinte, lá estava de volta, e no próximo, e no próximo. Em uma semana ou duas, me senti totalmente seduzido. Não sei como dizer de outra forma: eu estava perdido de amor por Nosso Senhor na Eucaristia! Para mim, sua presença no Santíssimo Sacramento era poderosa e pessoal. Sentado no fundo [da igreja], comecei a me ajoelhar e rezar com os outros, aos quais eu agora reconhecia como irmãos e irmãs. Eu não era órfão! Havia achado a minha família — era a família de Deus. De repente, 1990 parecia muito, muito distante.

Dia após dia, testemunhando todo o drama da missa, vi a aliança renovada bem diante dos meus olhos. Eu sabia que Cristo desejava que eu o recebesse na fé, não só espiritualmente, no meu coração, mas também fisicamente: na minha língua, na minha garganta e em todo o meu corpo e alma. Era disso que se tratava a Encarnação. Era o Evangelho em sua totalidade.

A cada dia após a missa, eu ficava de meia hora a uma hora rezando o rosário. Sentia o Senhor liberando o seu poder por meio de sua Mãe, diante do Santíssimo Sacramento. Implorava a ele que abrisse o meu coração para me mostrar a sua vontade.

"Senhor, é este o seu chamado sobrenatural ou apenas estou envolvido em uma aventura intelectual?".

As coisas estavam começando a acelerar. Gerry telefonou duas semanas antes da Páscoa de 1986 para contar que ele e sua esposa, Leslie, adeririam à Igreja, na vigília pascal.

Fiquei chocado. — Gerry, não posso acreditar. Você devia me impedir de me tornar católico. Você não pode chegar antes de mim à eucaristia! — Não parecia justo.

— Scott, não vou investigar as suas razões para continuar esperando, mas Deus já mostrou o suficiente para nos convencer a nos tornarmos católicos neste ano.

Então, recorri ao Senhor em oração. "Senhor, o que quereis que *eu* faça?". Lembro-me de rezar isso e pensar: por que é que eu não vos perguntei isso antes? "Senhor, o que quereis que *eu* faça?".

Fiquei totalmente surpreso quando, para meu espanto, senti sua resposta para mim: "O que é, meu filho, que você deseja fazer?".

Era fácil. Não tive que pensar duas vezes. "Pai, desejo ir para casa. Desejo vos receber, Jesus, meu irmão mais velho e Senhor, na Santa Eucaristia".

Era como se o Senhor silenciosamente replicasse: "Não estou lhe impedindo".

Eu me senti radiante. Impossível descrever. Percebi, então, que era melhor verificar com a única pessoa que ainda estava tentando me impedir. Desci as escadas para encontrar Kimberly.

Falei: — Kimberly, adivinha o que Gerry acaba de me dizer. Ele contou que ele e Leslie entrarão para a Igreja Católica na Páscoa — em apenas duas semanas.

Kimberly respondeu, cautelosa: — Mas que diferença isso faz? — Ela podia ver através de mim.

— Bem, eu estava justamente rezando e pedindo a Deus uma orientação...

— Você falou 1990, lembra? Você prometeu. Não quebre a sua palavra.

Relutantemente, reconheci o seu argumento. — Sim, eu me lembro, 1990. Mas, desde que comecei a ir à missa diariamente, sinto Cristo me chamando para ele na Santa Eucaristia.

Ela escutou em silêncio, mostrando uma profunda dor em seu rosto.

— Kimberly, não sei como dizer isso, mas creio que cheguei ao ponto em que adiar a obediência seria desobediência. Por favor, você rezaria na intenção de me libertar da minha promessa?

Naquele momento, sentimos uma dor que as palavras não conseguem descrever. Depois de um tempo de oração em outra sala, ela veio, me abraçou e disse: — Vou libertá-lo da sua promessa, mas quero que saiba que nunca me senti tão profundamente traída — tão abandonada — em toda a minha vida.

Foi difícil para nós dois.

Mais tarde naquela noite, rezei fervorosamente: "Senhor, por que revelaríeis vossa família a mim e tiraria a minha? Por que me mostrastes a vossa Noiva, a Igreja, e me afastastes da minha?".

Durante aquele momento de oração, o Senhor parecia dizer: "Não estou chamando você apesar do seu amor por Kimberly e pelas crianças, mas precisamente por causa do seu amor — e do meu amor — por eles. Scott, você precisa da plenitude da graça na eucaristia, para que eu possa amá-los por seu intermédio".

"Senhor, por que vós mesmo não dizeis isso a ela?", perguntei.

Fui visitar Monsenhor Bruskewitz, que era pároco da Igreja de São Bernardo. (Desde então, ele se tornou bispo de Lincoln, em Nebraska). São Bernardo era a paróquia mais ortodoxa e importante da região. Eu esperava que se tornasse um lar espiritual para mim. Não me desapontei.

O Monsenhor Bruskewitz escutou a minha longa odisséia teológica. Sendo ele próprio um teólogo treinado, foi capaz de compreender o estudo e toda a luta. Disse que não haveria qualquer obstáculo para minha acolhida na vigília da Páscoa. Contudo, ele também era um pastor sagaz, então reconheceu minha necessidade de conselhos práticos.

Ouviu pacientemente os meus planos para me preparar para a primeira comunhão: uma semana de oração, finalizando com um jejum de três dias até a vigília da Páscoa. Perguntou com uma sabedoria gentil: — E onde Kimberly e as crianças se encaixam em tudo isso?

Fiquei constrangido ao admitir que, de algum modo, eles haviam ficado fora do meu plano. O monsenhor respondeu: — Scott, posso lhe dar um plano alternativo?

— Certamente — repliquei contrito.

— Por que você não esbanja com eles o seu amor e a sua atenção durante toda uma semana, terminando com um maravilhoso piquenique no parque, no sábado à tarde, logo antes de eu lhe dar a primeira comunhão à noite? — Obrigado, Deus, pela sabedoria pastoral.

A vigília pascal de 1986 foi um momento de verdadeira alegria sobrenatural, mas também de grande tristeza natural. Recebi o grande prêmio sacramental: batismo condicional, reconciliação, confirmação e primeira comunhão. Retornei ao meu banco e me sentei ao lado da minha esposa em luto, a quem eu amava de todo o meu coração. Pus meu braço em volta dela e começamos a rezar. Sentia como se o próprio Cristo, através da eucaristia dentro de mim, estivesse estendendo os seus braços para abraçar nós dois.

Era como se o Senhor dissesse: "Scott, não tem a ver com os seus sentimentos. Por causa da minha doação a você na Sagrada Eucaristia, você pode confiar em mim agora, mais do que nunca. Agora habito em você, em corpo e alma, de um modo muito maior do que jamais antes".

Agradeço a Deus pelo modo como ele usou a Sagrada Comunhão para me assegurar que cuidaria de nós nos momentos de dificuldade que viriam.

Kimberly: Nossa mudança para Milwaukee foi uma mudança para longe dos amigos, da família e da igreja, para um lugar estranho para nós dois. Não conhecíamos ninguém ali antes de chegar.

Embora fôssemos juntos a uma igreja protestante, tive o tempo que Scott não teve para desenvolver amizades lá. Seu envolvimento com uma universidade católica deu a ele mais oportunidades para encontrar amigos católicos. Então, de uma certa maneira, continuamos a nos afastar, desenvolvendo várias amizades separadamente.

A maior parte do meu tempo era dedicada a cuidar dos nossos dois filhos pequenos. À medida que tomamos mais consciência da magnitude das indústrias do aborto e da pornografia existentes ao nosso redor — nove clínicas de aborto e cinco livrarias "adultas" só no centro de Milwaukee —, fui me envolvendo com o ativismo. Conseqüentemente, tinha muito pouco tempo e menos vontade do que tempo para estudar.

Eu esperava que alguém na Marquette University fizesse o que ninguém mais tinha sido capaz de fazer — parar a deserção de Scott para Roma.

Jamais suspeitei que Scott anteciparia a data do ingresso na Igreja Católica de 1990 para 1986. Faltavam apenas dez dias para a Páscoa quando ele veio dos seus estudos e disse: — Kimberly, Gerry e Leslie estão entrando para a Igreja nesta vigília pascal. Preciso que você ouça o meu coração: desde que comecei a ir à missa na universidade, tenho ansiado demais por receber o Senhor na eucaristia. E agora estou tão convicto da verdade da Igreja Católica que, se eu não entrar para a Igreja e receber o Senhor, creio que o estarei desobedecendo. Nós dois sabemos que postergar a obediência já é desobediência.

Fiquei devastada! Ele tinha prometido: "Não antes de 1990"! Ainda assim, eu podia ver seu profundo conflito. De um lado, sua promessa; de outro, sua crescente convicção. Eu não poderia ficar no caminho da sua obediência ao Senhor, não importando quais questões isto impusesse à sua carreira ou ao bem-estar da nossa família. Scott precisava me dar o espaço necessário para que o Espírito Santo abrisse meu coração; e eu precisava libertá-lo da promessa de aguardar até que eu estivesse pronta para me juntar a ele, de modo que ele pudesse seguir na obediência ao Senhor, como ele a entendia.

Aquela noite, escrevi no meu diário espiritual sobre a intensa solidão e sensação de traição que estava sentindo. Escrevi: "Senhor, a quem posso recorrer para tratar a minha profunda mágoa?". Meio sarcasticamente, acrescentei: "E não me diga que é a Maria e aos santos!".

Faltavam apenas dez dias para a Páscoa. Aquilo significava que tínhamos apenas dez dias para contar à família o que basicamente vínhamos mantendo em silêncio. Tínhamos apenas dez dias para telefonar para amigos teólogos, na esperança de que pudessem demovê-lo antes de sua imersão na Igreja. (Os professores foram submetidos a uma situação bem difícil: tentavam responder objeções que Scott tinha passado anos estudando. Mas o fato de que tão poucos tentaram detê-lo quando ele poderia estar levando sua alma à ruína e, depois, com seus dons, fazendo o mesmo com outras almas, aumentou a sensação de abandono que senti).

Foi muito difícil saber como partilhar a situação de um jeito que não rompesse a lealdade que nós dois precisávamos. Se eu tivesse partilhado com a minha família ou com a de Scott o quão profunda era a dor que eu sentia, poderia ter causado um distanciamento entre eles e Scott. Para cada um de nós, era uma questão de lealdade. Devíamos, para o bem do nosso casamento e da nossa família, proteger um ao outro e não partilhar com outras pessoas a dor tremenda que estávamos carregando. Isto intensificava a solidão que ambos sentíamos.

Tive uma sensação muito profunda de traição. Não tinha nada contra os católicos, mas não teria namorado com um. Agora, eu estaria casada com um!

Fui com Scott e um dos meus queridos amigos protestantes para a missa da vigília pascal. Chris Wolfe estava lá como padrinho de Scott. A certa altura, Scott se inclinou e me disse que Greg Wolfe (sem relação de parentesco) seria o padrinho de Gerry naquela mesma noite em que ele e Leslie seriam recebidos na Igreja Católica, na Filadélfia. Dei um sorriso irônico, mas não disse nada; parecia mais do que uma pequena ironia que ambos os homens fossem levados por *Wolfes* para a Igreja Católica.[1]

Por outro lado, muito do rito me fascinou — havia numerosas leituras das Escrituras que seguiam a celebração da aliança com Deus, ao longo do Antigo Testamento até Cristo. (Eu não tinha nem idéia de que católicos lessem tanto as Escrituras!). Muitos dos elementos do rito fizeram-me lembrar do culto judeu do Antigo Testamento, como o incenso, as reverências, um altar e um sacrifício. E a alegria das pessoas era imensa (como se realmente acreditassem em tudo o que estavam fazendo e dizendo).

Ainda assim, eu estava morrendo por dentro. Bem diante dos meus olhos, Scott se submetia a uma Igreja que nos separaria por um tempo e talvez até de modo permanente. Nunca mais receberíamos a comunhão lado a lado, a menos que um de nós mudasse de idéia (e eu podia adivinhar quem teria de ser!). Esse grande sinal da unidade cristã se tornava nosso símbolo de desunião. E a alegria das pessoas era como um punhal no meu coração, porque o contentamento deles era, para mim, uma tristeza inexplicável.

Depois da missa, alguém pegou uma câmera e pediu uma foto de todos com Scott. Tentei sair do grupo, mas Scott insistiu que eu também estivesse na foto. Pensei... por que eu quereria registrar a pior noite da minha vida? Embora todos os amigos de

---

[1] A autora faz aqui um trocadilho com o sobrenome da família Wolfe e a palavra *wolf*, que significa "lobo" — NE.

Scott fossem muito gentis comigo depois da festa, era excruciante ver a satisfação de todos por ele, quando nosso casamento estava em meio ao maior desafio que jamais tivéramos.

Vigília pascal de 1986. Milwaukee, Wisconsin. Scott foi recebido na Igreja. Ele, ao lado dos celebrantes Padre (agora bispo) Bruskewitz, Padre Richard Roach e Padre Donald Keefe.

CAPÍTULO 7

Os desafios de um casamento misto

Scott: Amigos curiosos começaram a telefonar. A conversa típica era algo assim:

— Scott, acabei de ouvir um boato maldoso — sei que não pode ser verdadeiro — de que você se tornou católico romano!

Eu dizia: — Sim, você acredita?! Pela graça de Deus, tornei-me católico, e nem sei como começar a agradecer.

Nesse ponto, a conversa geralmente terminava abruptamente: — Hummm, entendi. Bom, Scott, diga a Kimberly que envio a ela minhas orações e cumprimentos.

Desconfio que, na verdade, queriam deixar suas condolências. Na prática, era como se eu tivesse morrido e sido substituído por um impostor papista, pois esse era o modo como a maioria deles me tratava.

Amigos próximos se tornaram distantes. Membros da família ficaram em silêncio e se afastaram. Um dos meus colegas de graduação — um evangélico devoto — virou ex-amigo da noite para o dia.

A ironia era que, há não muito tempo, eu tinha sido muito mais anticatólico do que qualquer um deles. De fato, a maior parte deles não se via, de modo algum, como anticatólicos, mas não teriam me reprovado daquela forma se eu tivesse simplesmente me tornado luterano ou metodista. Em vez disso, me tratavam como leproso.

Não havia nenhum desejo de diálogo, muito menos de discussão. Minhas razões não importavam, pois eu havia feito o impensável. Eu tinha cometido uma maldade sórdida e traiçoeira.

Mas a dor e a desolação não se comparavam à alegria e à força que vinham de saber que eu estava fazendo a vontade de Deus e obedecendo à sua palavra. Comparados com o privilégio de ir à missa diária e receber a sagrada comunhão, meus sacrifícios pareciam pequenos. Também aprendi que tal sofrimento pode ser unido ao sacrifício eucarístico de Cristo, de modo eficaz e muito consolador. Em meio a tudo isso, fui atraído para uma intimidade cada vez mais profunda com Nosso Senhor e Nossa Senhora. A dor tornava o romance mais real.

Enquanto isso, Kimberly e eu estávamos navegando em águas ainda mais turbulentas. Dias e semanas se passavam sem que partilhássemos nenhuma vivência espiritual. Ela estava tudo menos ansiosa para me ouvir falar sobre os benefícios da missa diária e da meditação dos mistérios do rosário. O que tornava a situação especialmente dolorosa era termos vivido juntos tempos tão ricos de ministério em um passado recente. Eu me pegava pensando... Será que algum dia voltará a ser como era? Será que nosso casamento sobreviverá a esse período de provação e agonia?

Foi o Senhor que, operando pela graça do sacramento do matrimônio, nos manteve no caminho, como ambos podemos atestar. Certa vez, ouvi um sacerdote dizer: — Casamento não é difícil; é apenas humanamente impossível. É por isso que Cristo o estabeleceu como sacramento.

Kimberly continuou a ter esperança de que surgisse alguém para tentar me demover. Um pastor calvinista chamado Wayne decidiu se encontrar conosco. Após dois encontros de quatro horas, Wayne disse a Kimberly: — O Papa vai excomungar Scott em breve, por levar as Escrituras tão a sério.

— Onde estão seus pontos fracos?

— Bem, não sei. Seus argumentos são baseados nas Escrituras e na aliança. Mas não são católicos. Não podem ser.

Imaginei que, secretamente, Kimberly estava se perguntando em que medida o catolicismo se baseava nas Escrituras, mas ela não estava a fim de dividir quaisquer "dúvidas" comigo. Tínhamos atingido o ponto em que mal podíamos falar sobre qualquer coisa sem passar para uma disputa doutrinal; e a maioria das tentativas de lidar francamente com nossas diferenças acabava em mágoa e frustração.

Encorajei Kimberly a escutar as discussões que eu tinha com outras pessoas sobre aspectos controversos da doutrina católica. Essa abordagem indireta provou ser muito menos tensa, em nosso relacionamento, do que quando nos enfrentávamos diretamente.

Para escapar da tensão doméstica e da pressão acadêmica, eu lecionava um estudo bíblico semanal na minha paróquia, São Bernardo. Monsenhor Bruskewitz era mais que solidário — naturalmente, pois era sua sólida pregação que aguçava o apetite dos paroquianos pela Bíblia. Era encorajador para mim ver — e para Kimberly ouvir — seu apetite insaciável pelas Escrituras. Que privilégio era abrir a palavra de Deus para partilhar os tesouros da fé da Igreja com meus novos irmãos e irmãs católicos. Após o término de um encontro particularmente empolgante — "A explicação bíblica das indulgências" —, um paroquiano mais velho, chamado Joe, anunciou: — Pois é, às vezes, é preciso que um imigrante explique coisas para os nativos.

Poucos meses depois da minha acolhida na Igreja, a praga da dúvida se abateu sobre mim; não sobre se eu havia feito a coisa errada ao me tornar católico, mas sim se eu havia cometido um suicídio profissional, deixando-me sem opções vocacionais. Afinal, pensei, como posso passar de mestre em teologia evangélica para o serviço humilde de aprendiz do dogma católico? Não que eu não estivesse fascinado em estudar teologia católica; é que eu não via nenhum caminho prático para pôr o pão em nossa mesa.

Telefonei para o meu pai, em Pittsburgh, que ainda estava tocando o nosso negócio de família, Helm and Hahn, uma pequena empresa que criava e produzia jóias. Poucos anos antes, ele contratara meu irmão mais velho, Fritz. Esperava que ele tivesse espaço para mais uma ajuda familiar.

— Pai, será que haveria um emprego na loja para um ex-teólogo evangélico?

Ele fez uma pausa e então falou, com um tom de profundo pesar. — Scotty, eu adoraria que você trabalhasse conosco. Você sabe disso. Mas não posso contratá-lo agora. A economia aqui está fraca e o negócio de jóias em geral está em crise no país. Estamos tendo que cortar custos e restringir gastos em todo canto. Desculpe-me, filho.

— Tudo bem, pai. Apenas tinha esperança de encontrar um trabalho fazendo algo para sustentar a minha família.

— Scotty, do que você está falando? Eu me lembro claramente de ouvir o diretor da sua faculdade dizer que queria você de volta no ensino da teologia assim que possível. E quanto aos seus professores na Gordon-Conwell? Eles não lhe disseram para cursar um doutorado, de modo que voltasse a lecionar lá também?

— É, pai, mas isso foi antes de eu me tornar católico. Agora, sou *persona non grata* nos dois lugares. Nenhum deles sequer consideraria contratar um pária papista como eu.

— Scotty, lamento ouvir isso. Mas há algo que ainda preciso falar. É o seguinte: não desista da teologia ainda. Você tem amor por esse estudo e o dom de ensiná-lo. Se eu fosse você, insistiria nisso por mais tempo.

Obrigado, Deus, pela sabedoria paterna.

Mais do que nunca, me angustiava o fato de ter uma família para sustentar, mas nenhum ofício para fazê-lo. Ficava cada vez mais claro para mim que talvez nunca tivesse tempo para dominar o latim, muito menos os escritos de Tomás de Aquino, Boaventura, Caetano, Belarmino e uma miríade de outros teólogos valorosos. Como eu poderia algum dia ensinar teologia católica?

De duas fontes me vieram ajuda e consolação. A primeira fonte foi meu estudo de graduação em filosofia na Grove City College, onde eu havia me apaixonado pela filosofia de Santo Tomás e mergulhado nela. Apesar da minha perspectiva anticatólica, reconhecia uma coisa boa quando a encontrava e, na minha mente, ninguém se comparava a Tomás de Aquino. Eu havia, naturalmente, desconsiderado qualquer coisa claramente católica nos seus escritos. (O pobre Tomás surgira cedo demais, eu pensava, muito antes que a luz de Lutero e Calvino pudesse guiá-lo). Mas havia devorado seus escritos filosóficos, especialmente sua metafísica, e ganhei, no final, a reputação um tanto estranha e improvável de ser um "tomista evangélico".

A consolação também veio de uma segunda fonte, um padre idoso e gentil, bibliotecário emérito no Saint Francis Seminary, chamado Padre Ray Fetterer, que teve piedade de um pobre estudante pós-graduado presbiteriano que trilhava seu caminho para a Igreja. Sempre que um convento, mosteiro, faculdade ou colégio católico fechava na região, suas bibliotecas eram enviadas para o Padre Fetterer no seminário arquidiocesano, para serem classificadas e armazenadas em um antigo porão de ginásio.

Dezenas de milhares de livros antigos sobre teologia, Escrituras, filosofia, história e literatura acabavam nas prateleiras, para pessoas interessadas folhearem e comprarem a preços baixíssimos, estipulados por um velho padre filantropo. Descobri essa mina de ouro por acidente; ela não era anunciada e raramente abria (em geral, apenas via agendamento). No período de um ano, eu havia adquirido literalmente dezenas de caixas de livros; e, como o padre se sensibilizou com a minha situação, paguei apenas uma fração dos preços já baixos que ele geralmente cobrava. Para mim, era como um sonho se tornando realidade — pela graça de Deus, pela generosidade de um sacerdote e por pura sorte de um convertido!

Por poucas centenas de dólares, portanto, adquiri milhares de livros, incluindo clássicos como a edição Blackfriars de sessenta volumes da Suma Teológica de Santo Tomás de Aquino (em latim e inglês), mais de duas dúzias de volumes das obras do Cardeal John Henry Newman, o monumental *Dictionnaire de theologie catholique*, em quinze volumes enormes, a antiga *Catholic Encyclopedia*, a *New Catholic Encyclopedia*, além de centenas de volumes de comentários sobre as Escrituras e escritos patrísticos, sem mencionar várias décadas de periódicos teológicos caros, como *The Thomist*, *Theological Studies*, *Communio*, *American Ecclesiastical Review*, *Catholic Biblical Quarterly*, *Revue biblique*, *Biblica* e *Vetus Testamentum*. Pela graça de Deus, tornara-me dono de uma biblioteca pessoal de teologia, filosofia e história católicas, que um seminário se consideraria abençoado se a tivesse.

O que devia fazer com tamanho tesouro — levar a uma joalheria?

Em vez disso, Deus usou essas consolações para restaurar minha confiança de que ele complementaria o que quer que me faltasse em formação teológica católica. Descobri também que, na realidade, naquela época, não havia instituições católicas onde leigos como eu pudessem receber formação doutrinal ortodoxa na Tradição católica, mesmo que eu tivesse tempo e dinheiro para bancá-la. Ainda assim, permanecia a dúvida de se havia algum nicho para mim em algum lugar da Igreja.

Certa noite, recebi um telefonema do Dr. John Hittinger, professor de filosofia do College of Saint Francis, em Joliet, Illinois. Ele representava um comitê de pesquisa que buscava um professor de teologia qualificado para lecionar, no ano seguinte, cursos básicos e avançados, principalmente para graduandos católicos.

Não me sentia especialmente qualificado, sequer havia preparado um currículo, muito menos distribuído um. Como não havia me candidatado para essa (ou qualquer outra) vaga, fiquei sentado me perguntando, enquanto conversávamos, onde ele havia achado o meu nome. Quando perguntei, ele se referiu a um "contato de confiança" no departamento de teologia da Marquette, que havia me recomendado. Fiquei surpreso, mas agradecido.

Naquela época, no entanto, eu ainda tinha esperança de passar o ano seguinte como estudante em tempo integral, trabalhando para escrever e defender a minha tese de doutorado. Mas as finanças estavam tão minguadas que já me perguntava se esta era uma opção viável. Parecia uma alternativa cada vez mais improvável; porém, mesmo que fosse possível, eu ainda poderia aproveitar a experiência de uma entrevista de emprego em uma instituição católica. Além disso, John me informou que havia mais de trinta candidatos para o trabalho. Então, fiquei imaginando quais seriam minhas chances.

A entrevista transcorreu muito bem; eles me queriam. Talvez fosse pelo meu entusiasmo como neófito. De qualquer forma, a situação era atraente. Tratava-se de uma instituição cujo presidente estava interessado em restaurar a identidade católica da faculdade, que havia sido seriamente diluída ao longo de anos de pressões financeiras, acadêmicas e espirituais. Parecia um desafio empolgante. Após uma segunda entrevista e bastante oração, decidi aceitar a função.

Naquele tempo, Kimberly e nossos dois filhos não estavam freqüentando a missa comigo. O Monsenhor Bruskewitz disse que me seria permitido, sob nossas circunstâncias únicas, acompanhá-los à Igreja de Elmbrook, desde que isso não colocasse em risco minha fé católica. Eu ia simplesmente para trazer mais paz aos nossos domingos.

Em uma manhã de domingo em Elmbrook, estávamos em pé, entoando o canto final, quando, de repente, Kimberly se virou para mim, pálida como um fantasma, e murmurou: — Scott, algo deve estar muito errado. — Ela se sentou ao meu lado, atordoada e semiconsciente. Enquanto a congregação deixava o local, Kimberly agarrou minha mão, apertando-a com força. — Scott, estou sangrando — muito. — Nessa época, ela estava no meio de sua terceira gestação.

Eu a deitei no banco e, sem saber mais o que fazer, corri para o telefone público e tentei falar com nosso obstetra. Em um domingo de manhã, quais eram as minhas chances? Além disso, ele era novo na cidade. Mas isso não me impediu de rezar — fervorosamente — para São Geraldo e São José.

O serviço de atendimento do médico não sabia onde ele estava, mas tentaria encontrá-lo. Quando desliguei, me sentia quase desesperado. "Senhor, por que nos trouxestes até aqui? Do jeito que está, Kimberly já se sente abandonada por vós".

Menos de dois minutos depois, o telefone público tocou. Atendi, imaginando quem seria. — Alô?!

— Dr. Marmion falando. Posso falar com Scott Hahn?

— Ah! sim, sou eu, Dr. Marmion.

— Scott, o que há de errado?

— Kimberly está tendo uma hemorragia bem séria.

— Onde vocês estão, Scott?

— Estamos fora de Milwaukee, numa cidade chamada Brookfield.

— Em que lugar de Brookfield?

— Na igreja de Elmbrook. É bem distante.

— Em que lugar da igreja você está?

— Estou do lado de fora, perto das portas da frente.

— Chegarei logo aí. Acontece que estou visitando Elmbrook esta manhã — estou bem embaixo de vocês, no subsolo.

Meio minuto depois, o Dr. Marmion estava ao lado de Kimberly — o tempo exato para que eu fizesse uns pedidos a São Geraldo, pedindo sua intercessão. O Dr. Marmion nos encaminhou imediatamente ao Hospital Saint Joseph, dizendo que nos encontraria lá. Alguns amigos próximos ficaram com nossos filhos e corremos para o hospital.

Lá, percebemos que o Senhor poupara nosso bebê e, com cuidados diligentes, a condição de placenta prévia não nos tiraria nosso filho.

Pela primeira vez em muito tempo, louvamos a Deus juntos, do fundo dos nossos corações.

Kimberly: Tentei me adaptar à vida de Scott como católico. Na semana após a Páscoa, Scott conduziu um estudo bíblico em nossa casa e eu participei. Quando foi pedido a um rapaz para dar início com uma oração, ele prontamente começou uma Ave-Maria. Deixei a sala em agonia, caí de joelhos ao lado da minha cama e chorei amargamente — como ele ousava dizer aquelas palavras na minha casa? Era como esfregar sal na ferida aberta pela conversão de Scott! Mais tarde, tentei voltar, mas seus comentários e expressões de piedade católica me arrasavam. Scott logo mudou o estudo bíblico para um local fora de nossa casa, pelo que fiquei muito grata.

Felizmente, Scott nunca fez da fé católica uma "questão de submissão" entre nós, impondo que me sujeitasse à sua liderança espiritual, quando meu coração não podia ceder ao que minha mente ainda não havia compreendido. Embora ele ansiasse, com todo o seu ser, ver-me ao seu lado na missa, pedindo que eu compartilhasse a sua alegria na Igreja e o ajudasse no serviço da Igreja, ele não faria mau uso do seu chamado para liderar espiritualmente nossa família exigindo que eu contrariasse a minha consciência. De fato, ele me respeitava por manter minhas convicções, embora questionasse minha contínua falta de disposição para analisar as questões envolvidas em nossa separação espiritual.

Nós dois sabíamos, entretanto, e eu tinha essa firme convicção, que nossos filhos pertenciam ao Senhor, principalmente sob a liderança espiritual de Scott. Isto significava que, em algum momento, eles seriam criados como católicos, independentemente da minha opção protestante ou católica. Essa percepção foi tremendamente dolorosa — o fato de que eu poderia ser a única protestante na minha família. Mal podia suportar a idéia do quanto me sentiria isolada nessa situação.

Na verdade, por um breve período, isso interferiu no meu desejo profundo de ter outra criança. Eu disse ao Scott que não estava disposta a gerar mais filhos para o Papa! Felizmente, em algumas poucas semanas, o Senhor usou meu desejo de ter mais filhos e o meu amor por Scott para abrir o meu coração e ceder à vontade do Senhor nessa questão. Eu precisava ser obediente ao Senhor, permanecendo aberta a novas vidas e confiando nele quanto às conseqüências da afiliação eclesiástica das crianças.

Geralmente, Scott guardava na gaveta os seus objetos religiosos, como rosários, escapulários e santinhos, mas às vezes eu os encontrava na cômoda. Reparei que um certo ciúme crescia dentro de mim em relação a Maria (algo parecido com o ciúme que, segundo eu ouvia, os homens às vezes tinham em relação a Jesus, quando suas mulheres se tornavam cristãs). Eu estava em flagrante desvantagem: dela se dizia ser pura, amável, afável, gentil, compassiva; e, em comparação, eu não mostrava a mesma gentileza para com Scott. Ele saía para uma caminhada e eu sabia que ele ia rezar o rosário com Maria. Eu ficava contente que ele não fizesse isso na minha frente; porém, tinha ciúme de que ele tivesse tempo de caminhar e conversar agradavelmente com ela, mas não tivesse aquele tempo para mim.

Um dia, quando Scott estava se preparando para dar seu testemunho de como se tornara católico, eu deixei escapar: — Não consigo entender por que Deus pegaria um jovem casal bem formado, comprometido com uma visão comum de vida e ministério conjunto, e mudaria completamente suas vidas, de modo que agora seguissem direções completamente diferentes. Por que ele faria isso?

Eu não estava pronta para a resposta do Scott. Ele me disse: — É possível que Deus nos ame tanto? Considerando que, por conta própria, você nunca teria se interessado em estudar a fé católica, talvez ele tenha me convertido primeiro e me feito atravessar uma terrível solidão — isolado de muitos protestantes; de católicos do *campus* que, na verdade, não se importam com o que fiz; e, definitivamente, a solidão entre nós dois — tudo para que ele pudesse gradualmente mostrar a você a beleza da Igreja Católica? De modo que ele pudesse conquistá-la? De modo que ele pudesse abençoar você com os sacramentos? De modo que ele pudesse dar a você a plenitude da fé que você já possui?

Eu disse: — É extremamente difícil ver isso como amor, mas imagino que seja possível. — Eu tinha que admitir que, por iniciativa própria, certamente nunca teria me interessado pela Igreja Católica.

Acrescentei: — Só não espere que eu corra por aí dando meu testemunho, caso eu entre para a Igreja Católica.

Ao que Scott rapidamente respondeu: — Eu não gostaria que você se convertesse até que mal pudesse esperar para dar o seu testemunho. — Dizendo isso, ele saiu pela porta, e fui deixada sozinha novamente com meus pensamentos.

Ondas de aflição engolfavam cada um de nós, enquanto contemplávamos a morte de muitos sonhos. Sei que aflição pode soar como uma emoção forte demais para se referir à situação, mas, de fato, não conheço palavra melhor. Enfrentávamos ambos uma morte lenta e, ao mesmo tempo, estávamos muito incertos se depois haveria qualquer espécie de ressurreição. Scott, ao menos, tinha a consolação de acreditar que ele estava seguindo a vontade de Deus. Eu não tinha esse tipo de certeza.

Minha aflição diferia da de Scott. Eu sentia tristeza por nunca mais vir a ser a esposa de um pastor, algo que fora um sonho ao longo de toda a vida. E não via onde poderia me encaixar se Scott fosse convidado a formar padres, o que ele agora dizia que queria fazer; nosso desejo tinha sido aconselhar casais jovens em preparação para o casamento, o que não acontece em um seminário católico.

A possibilidade de retornar à Grove City College ou ao Seminário Teológico Gordon-Conwell para lecionar, sonho que ambos tivéramos, agora não existia mais. O futuro era incerto: não sabíamos se Scott iria ou não lecionar no nível para o qual havia se preparado.

Eu sempre quis que todos os meus filhos entrassem para o serviço cristão em tempo integral, mas agora eu percebia que, se eles fizessem isso, eu teria que sofrer a perda de nossos netos. (Como protestantes, meu pai, tio, irmão e esposo eram ministros casados, portanto, o celibato nunca fora um problema).

E, ainda que pequena, a possibilidade de que nossa casa ficasse repleta de parafernália religiosa me apavorava. Quando um amigo nos deu um crucifixo, na frente de um grupo de pessoas, não consegui nem falar. No meu coração, tudo o que conseguia pensar era: "Vocês têm o meu esposo, mas não redecorem a minha casa!".

Felizmente Scott estendeu a mão e, pegando-o, disse: — Sei bem onde eu o porei: no meu escritório. — Nossos queridos amigos não tinham idéia da dor que causavam. E não havia sequer como expressá-la para que pudesse diminuir.

Não havia mais conversas teológicas profundas que não se tornassem angustiantes. Scott tinha sido meu melhor amigo, com quem eu teria dividido meu fardo de tristeza. Mas agora, como eu poderia fazê-lo se ele era exatamente aquele que causava grande parte da tristeza? E a solidão de Scott teria sido suportada mais facilmente se eu tivesse estado ao seu lado, mas eu não conseguia e não o ajudaria a lidar com ela. Afinal, aquela tinha sido a escolha dele e essas eram as conseqüências.

Scott sofreu uma tremenda solidão. Ele era incompreendido e rejeitado por muitos amigos protestantes, que não queriam conversar com ele pelas mesmas razões que eu. (Alguns amigos permaneceram conosco até a minha conversão; depois, também rejeitaram nossa amizade). Ele sentia que antigos professores achavam que não valia a pena tentar convencê-lo de estar errado. E ele não conseguia entender a indiferença de numerosos católicos na Marquette em relação à sua conversão, os quais agiam de modo desinteressado diante de toda a situação, em vez de acolhê-lo por tudo o que ele havia arriscado e deixado para trás. Ele tinha começado a viver como católico no seio de uma família protestante, indo à missa sozinho (o que fez por dois anos e meio) e sem compartilhar a sua diferença de fé com as crianças, pois o tempo combinado para isso ainda não tinha chegado.

A solidão entre nós era torturante. Havíamos tido uma amizade tão forte, compartilhando tanto da vida! Quando estava no seminário, muitas esposas se importavam tão pouco com o estudo dos seus maridos quanto se importariam em estudar balanços e leis tributárias, caso os maridos fossem contadores. Mas eu o acompanhei, estudei com ele, me debrucei sobre os textos com ele e aprendi o que ele me ensinava. Agora, em vez compartilhar suas descobertas e me alegrar com ele, eu temia os detalhes. E optei por não ler com cuidado os seus artigos, embora eu os digitasse para ele. (Se você digitar bastante rápido, consegue não ler o texto). Como Scott poderia dividir o seu fardo de tristeza comigo, se eu mesma era aquela que, em grande parte, o causava?

A Bíblia era a minha única consolação. Porém, comecei a ficar preocupada até mesmo em ler as Escrituras, porque Scott sempre falava que a Bíblia dizia algo diferente do que eu pensava. Scott alegava que a Bíblia o tinha levado à fé católica. Mas a Bíblia era a base da minha fé!

Uma vez, ele lançou essa pergunta: — Qual é o pilar e o fundamento da verdade?

— A palavra de Deus — foi a minha rápida resposta.

Ele então falou: — Por que São Paulo diz, em 1Tm 3, 15, que é a Igreja? Por que essa resposta não vem à mente dos protestantes?

— Isso só aparece na sua Bíblia católica, Scott.

Ele abriu a minha Bíblia e me mostrou aquele versículo, que eu não me lembrava de jamais ter lido antes.

Não tínhamos conversas simples sobre teologia. Tínhamos debates sobre teologia. Às vezes, discutíamos aspectos até duas ou três horas da manhã e, durante o café-da-manhã, Scott queria saber se eu havia tido alguma nova idéia! Discutíamos teologia, tentando manter nossa discussão cordial, mas então ela ficava muito dolorosa e difícil. Assim, tínhamos que parar, recuar e ir para os nossos próprios cantos por um tempo. Era um luto separado.

Alguns amigos me aconselharam, dizendo que uma esposa deve se submeter ao seu marido, não importando o que o seu cérebro alegasse — eles não entendiam por que eu não ia em frente e me convertia. Outros amigos protestantes continuamente me lembravam de que estavam rezando para que eu agüentasse firme até que Scott voltasse atrás. E havia católicos que pensavam: "Qual é o problema? Maria a incomoda, mas você vai superar isso".

Scott estava preso comigo porque não acreditava em divórcio. Na verdade, eu tampouco. Quando nos casamos, concordamos que jamais sequer brincaríamos com o termo — sofríamos demais com essa idéia. Entretanto, houve dois momentos, naquele primeiro ano após a conversão de Scott, em que eu caminhei ao redor do nosso quarteirão e perguntei a mim mesma: "Consigo deixá-lo?". Pensei em qual hotel me hospedaria e o que faria, já que não poderia encarar a dor daquele sofrimento. Acreditava que não conseguiria superar a dor — fisicamente, meu coração doía, e emocionalmente eu estava arrasada. Tudo em que eu conseguia pensar era em fugir.

Mas eu sabia que não poderia deixar Scott sem deixar Deus também. E deixar Deus, eu sabia, seria me condenar ao inferno. A existência de Deus e do inferno era palpável demais para eu prosseguir na caminhada, graças a Deus. Então, depois de dez minutos, Deus me deu graça suficiente para suportar outros dez. Assim, fui capaz de ficar e suportar mais tempo.

Esta passagem do capítulo 3 do livro das Lamentações capta melhor a agonia do meu coração e a minha luta para ter novamente esperança no Senhor:

> Cravou em meus rins as flechas de sua aljava. Tornei-me escárnio do meu povo, objeto constante de suas canções. Saturou-me de amarguras, saciou-me de absinto. Quebrou-me os dentes com cascalhos, mergulhou-me em cinzas. A paz foi roubada de minha alma, nem sei mais o que é felicidade. E eu penso: perdi minha força e minha esperança no Senhor. A lembrança de meus tormentos e minhas misérias é para mim absinto e veneno. A pensar nisso sem cessar, minha alma desfalece dentro de mim. Eis, porém, o que vou tomar a peito para recuperar a esperança. É graças ao Senhor que não fomos aniquilados, porque não se esgotou sua piedade. Cada manhã ele se manifesta e grande é sua fidelidade. Disse-me a alma: o Senhor é minha partilha e assim nele confio.

De algum modo, havia esperança — não por causa de Scott ou de mim, mas pela fidelidade de Deus. De alguma forma, o Senhor renovava suas misericórdias para mim — e para Scott — todos os dias, para que alcançássemos a graça de que precisávamos durante esse tempo dificílimo de necessidade.

Scott estava desfrutando das coisas católicas (embora não as ostentasse). Ele estava se persignando em oração. Tinha um crucifixo em seu escritório. Eu o ouvi rezar uma Ave-Maria com um amigo. Cada uma dessas coisas era uma facada no meu coração. Cada uma era mais um lembrete da nossa desunião.

A falta de alegria da minha salvação era muito intensa para mim. E isto ficava especialmente doloroso às vezes, porque eu podia ver quanta alegria ele estava suprimindo. Mesmo em meio à sua dor, Scott realmente tinha a alegria do Senhor de novas maneiras, especialmente em relação à eucaristia. Repetidamente, no meu diário de orações, eu perguntava ao Senhor: "Onde está a alegria da minha salvação? Sei que estou salva. Scott sequer questiona isso, mas onde está a alegria e por que a dele é tão forte?".

Eu era muito obstinada — é a melhor palavra a usar. Eu queria ter a vontade de estudar, mas estava temerosa ao mesmo tempo. Ele descia e dizia: — Kimberly, você leria apenas um parágrafo de um artigo?

— É sobre Maria?

— Sim.

— Não. Por favor, vá embora. Você não consegue encontrar uma base comum sobre a qual possamos ler e conversar?

Uma pessoa convertida bem-informada e bem versada não é a mais fácil de se conviver. (Posso não ter lido muito, mas ouvi teologia o suficiente para conseguir outro título de mestrado). Para ele, era muito difícil ter a companhia de uma pessoa de mente fechada, relutante para se converter.

O mais difícil nessa época era não compreender onde Deus estava, porque eu não podia dizer se Deus estava torcendo por Scott ou por mim. Depois de uma noite abrindo meu coração para Deus, em meio a muitas lágrimas, escrevi esta "conversa" com Deus no meu diário de orações:

> — Estais nos céus irritado com essa birra emocional prolongada ou estais chorando comigo, Senhor? Estais me abraçando neste momento ou estais me arrastando, para me fazer avançar? Não quero colocar-vos, Senhor, contra Scott ou contra mim, mas onde estais em tudo isso?
>
> — Estou na Cruz sofrendo por todos os pecados que vocês dois ora cometem. Sou o Senhor de tudo, ascendido e assentado, e que os chama para um casamento que exemplifique a mim e à minha Igreja.
>
> — Podemos fazer isso, Senhor, em um casamento misto?
>
> — Não, nisso não consiste minha vontade.
>
> — Qual é a vossa vontade, ó Senhor, e como podemos cumpri-la enquanto tentamos descobri-la? Como podemos crescer mais neste sofrimento, Senhor? Posso ser leal a Scott, amigos e família? A quem posso expressar minha tristeza? Por favor, restaurai em mim a alegria da minha salvação. Que eu possa louvar-vos enquanto viver. Queirai, ó Deus, curar minhas feridas e restaurar-me. Por favor, fortalecei Scott durante este período de sofrimento e conduzi-o nos caminhos da verdade.

O desespero estava constantemente à porta. Scott sempre dissera que meu maior defeito era ser patologicamente positiva. Mas, durante esse tempo, o desespero era algo com o qual eu lutava tremendamente. Algumas das cruzes que carregamos naquela época nós mesmos as fizemos; outras, cada um de nós talhou para o outro.

Quando uma amiga católica rezou por mim, disse que a palavra que recebeu do Senhor era que a nós estava sendo dado um "apostolado do corpo ferido de Cristo". A angústia que estávamos vivenciando em nosso casamento era similar à tristeza e à dilaceração que ocorreram por ocasião da Reforma e de outros cismas — Deus estava nos dando um dom precioso, que duraria apenas um breve momento. Precisávamos tentar compreender aquilo como algo benéfico. Eu não tinha idéia se esse era o plano de Deus, mas sentíamos, diariamente, o quebrantamento trazido às famílias desde a Reforma. E compartilhávamos a dor daquela separação.

O ativismo se tornou um vínculo que nos ajudou muito a trabalhar juntos. Lutar, lado a lado, contra o aborto e a pornografia nos deu objetivos comuns e fortaleceu nosso casamento, tanto através do serviço conjunto quanto por novas amizades. Isso nos ajudou a ter algum foco externo, pois o interno era muito doloroso.

No Natal de 1986, descobrimos que tínhamos outra criança a caminho. A palavra que o Senhor me deu era "fruto da reconciliação". Continuei a indagar: "Ó Senhor, isto significa que ela será católica? Quer dizer que terei que ser católica?". Imediatamente comecei a rezar.

Meu pensamento seguinte foi: como esta criança será batizada? Era uma crise — eu acreditava no batismo de crianças, mas estava freqüentando uma igreja sem denominação que não acreditava nisso. Meu sonho sempre foi ver meu pai batizando nossos bebês, mas não via como isso seria possível. Além do mais, ter a filha batizada como católica parecia uma admissão de que ela pertencia à Igreja Católica.

Foi muito difícil. Mantive muito dessa luta dentro de mim — Scott e eu nunca discutimos isso, de fato. Deus foi muito misericordioso de guiar meu coração, afastando-o de brigas com Scott. Em reconhecimento a Scott como o líder espiritual da nossa casa, parecia justo ceder no meu coração que o bebê fosse batizado como católico. Senti, enfim, uma grande paz quanto a isso e quanto a surpreender Scott, quando calmamente lhe pedi para fazer os preparativos com Monsenhor Bruskewitz para batizar a criança logo que nascesse.

Pouco antes da nossa filha nascer, tive uma conversa importante com meu pai. Meu pai é um dos homens mais piedosos que conheço. Ele realmente foi o pai que eu precisava para me conduzir ao meu Pai celestial. Meu pai podia sentir a tristeza na minha voz.

Ele perguntou: — Kimberly, você reza a oração que rezo todos os dias? Você diz: "Senhor, irei aonde quiserdes que eu vá, farei o que quiserdes que eu faça, direi o que quiserdes que eu diga e doarei o que quiserdes que eu doe"?

— Não, pai, não tenho rezado essa oração ultimamente. — Ele não tinha idéia da agonia que eu estava suportando porque Scott se tornara católico.

Ele disse, genuinamente chocado: — Você não a reza!

— Pai, tenho medo. Tenho medo de rezar essa oração e isso significar entrar para a Igreja Católica Romana. Nunca me tornarei uma católica romana!

— Kimberly, não creio que isso signifique que você se tornará católica romana. Significa que ou Jesus Cristo é senhor da sua vida inteira, ou ele não é senhor de nada. Você não diz a Deus aonde vai ou deixa de ir. O que você diz é que se rende a ele. Isto é o que mais me importa, muito mais do que se você vai ou não se tornar católica romana. Caso contrário, você estará no processo de endurecer o seu coração para Deus. Se não consegue rezar essa oração, reze para obter a graça de rezá-la, até conseguir. Submeta seu coração a ele — nele você pode confiar.

Ele arriscou muito ao dizer isso.

Durante trinta dias, rezei diariamente: "Deus, dai-me a graça de rezar essa oração". Eu tinha tanto medo de que, ao rezá-la, ela selasse o meu destino — eu teria que jogar fora meu cérebro, esquecer meu coração e seguir Scott como uma idiota para a Igreja Católica.

Finalmente, eu estava pronta para rezar a oração, confiando em Deus em relação às conseqüências. O que descobri foi que eu mesma havia feito a prisão e, ao invés de trancá-la, o Senhor abriu a porta para me libertar. Meu coração saltou. Agora, eu estava livre para começar a estudar e indagar, para começar a explorar as coisas com renovada alegria. Agora, eu podia dizer: está bem, Deus, não foi assim que planejei a minha vida, mas vossos sonhos são suficientemente bons para mim. O que quereis fazer em meu coração? No meu casamento? Em nossa família? Eu queria saber.

No dia sete de agosto de 1987, Hannah Lorraine nasceu. Foi com grande alegria que acolhemos, no mundo, a nossa primeira filha, e um grande alívio porque a condição de placenta prévia e o trauma do sangramento intermitente haviam terminado. Esse bebê era outro símbolo vivo do poder da oração e uma testemunha do nosso grande amor mesmo em meio a grandes dores e dificuldades.

Fui para o batismo de Hannah sem sequer saber se o padre diria: "Sra. Hahn, por favor, poderia sentar ali enquanto batizo sua criança aqui?". Tudo o que eu sabia era que, em obediência a Deus, ela precisava ser batizada como católica.

A partir do momento em que entramos, Monsenhor Bruskewitz me acolheu e cordialmente me convidou a fazer e dizer tudo o que, em sã consciência, eu poderia fazer e dizer. Embora tenha ficado em silêncio durante a invocação dos santos e, no meu coração, discordado de sua explicação do batismo, surpreendeu-me a beleza da liturgia. Participei tão sinceramente quanto pude.

Não estava preparada para a beleza da liturgia batismal. Era tudo o que eu teria pedido em oração para a minha filha! Em certo ponto, logo depois que o sacerdote terminou de rezar uma oração incrível para que nossa filha ouvisse e respondesse ao Evangelho, apertei a mão de Scott pela pura alegria do momento. (Ele temia que eu o estivesse segurando para não sair correndo).

Então, o monsenhor concluiu aquela oração: — Amém e amém.

Deixei escapar: — Amém! — Não pude me conter. (Isto pode ser típico para um batista, mas eu fui criada como presbiteriana!). Todos rimos juntos. E o monsenhor me assegurou que os sentimentos foram compartilhados por todos.

Não sentia que Hannah tivesse sido amarrada e acorrentada ao fardo de ser católica romana (como, em algum momento, eu temera), mas sim que ela estava sendo libertada para ser a filha de Deus, tal como tinha sido criada para ser. Quando deixei a igreja de São Bernardo naquele dia, Deus estava fazendo uma importante obra dentro de mim. Eu disse a Scott: — Sei que hoje é um momento decisivo para mim. — Não foi o único, mas foi importante.

CAPÍTULO 8

Uma reunião Roma-ântica

Scott: Pouco antes de nos mudarmos para Joliet, Kimberly e eu compramos nossa primeira casa, a apenas três quarteirões do College of Saint Francis. Mudamos para lá menos de um mês depois que Kimberly deu à luz Hannah, em Milwaukee. Ela ainda se recuperava de sua terceira cesariana e eu havia acabado de concluir minhas matérias lingüísticas, tendo sido aprovado nos exames de francês e alemão. Em meio a tudo isso, tive que preparar os quatro cursos que deveria ministrar dali a menos de duas semanas.

Trabalhar com estudantes universitários se mostrou emocionante e gratificante. Rapidamente aprendi que poucos, se é que havia algum, dos meus alunos católicos realmente entendiam sua fé, nem mesmo as noções mais básicas. Tive especial satisfação em ajudar "católicos de berço" a descobrir as riquezas de sua própria herança, especialmente das Escrituras. Iniciei um estudo bíblico semanal com doze integrantes do time de futebol e passei muito tempo com os estudantes fora da sala de aula. Residir a três quarteirões da universidade foi uma verdadeira bênção para construir relacionamentos.

Em três anos, também descobri que seria preciso mais do que o desejo sincero de alguns membros da administração e do corpo docente para restaurar a identidade católica de uma universidade que havia percorrido um longo caminho na secularização. Às vezes, era uma verdadeira batalha. Foi minha primeira exposição a católicos que haviam abandonado sua fé, mas que não abriam mão de suas posições de poder. Felizmente, tive o privilégio de trabalhar em um departamento com quatro excelentes colegas: John Hittinger, Greg Sobolewski, Irmã Rose Marie Surwillo e Dan Hauser.

Certo dia, no trabalho, recebi um telefonema de Bill Bales, um dos meus ex-amigos do seminário, que se tornara pastor presbiteriano na Virgínia. Ele queria desculpar-se por algo que fizera quando Kimberly e as crianças passaram uma semana visitando-os, sem mim, quase um ano antes.

Bill falou em um tom baixo e contrito. — Scott, preciso pedir o seu perdão.

— Por que, Bill? Estou muito feliz que você ainda queira falar comigo!

— Scott, creio que não vai mais querer falar comigo depois que eu contar o que fiz.

Ele não poderia ter sido mais eficiente para despertar minha curiosidade e suspeita. — Certo, Bill, o que você fez?

— Há alguns meses, sua esposa se pôs a analisar os seus argumentos católicos comigo. Imagino que ela esperava que eu fornecesse bastante munição para derrubá-los. Eu realmente não estava preparado para responder. Em vez disso, a aconselhei a pensar se havia ou não fundamentos bíblicos para se divorciar de você.

Suas palavras me atingiram com força, mas eu estava tão satisfeito por voltar a falar com ele que, rapidamente, me recuperei. — Está tudo bem, Bill. Como você sabe, cinco anos atrás, na mesma situação, eu teria instado pelo divórcio.

Bill fez uma pausa e respirou fundo. — Há algo mais, Scott.

Eu não tinha certeza de estar pronto para um segundo golpe em tão pouco tempo. — O que é, Bill?

— Bom, eu disse à Kimberly que voltaria a falar com ela, trazendo argumentos sólidos para refutar suas idéias católicas.

— Sim, continue...

— Bem, já faz um tempo e eu não encontrei nenhum.

Mal consegui esconder meu tom triunfante. — Bill, essa é uma ofensa perdoável, se é que houve ofensa.

— Obrigado, Scott, mas não estou me desculpando por isso. Estou ligando para pedir ajuda. Nos últimos meses, tenho pensado e lido muito sobre a fé católica e tenho vários pontos e questionamentos que gostaria de discutir com você.

Imediatamente percebi o que ele estava dizendo. — Bill, apenas me diga, você está sentindo a força dos argumentos bíblicos para a fé católica?

— Podemos dizer que sim.

— Você também está sentindo um certo terror ao refletir sobre as implicações a longo prazo para você, como pastor presbiteriano?

— Pode acreditar que sim.

A essa altura, eu havia descoberto a real intenção de sua ligação. Tornou-se a primeira de muitas. No ano seguinte, Bill me ligaria trazendo questões baseadas em sua própria leitura intensiva da teologia católica. Para mim, Bill era um caso especial. No seminário, ele superou todos nós na compreensão e no amor pela língua hebraica. Colou cópias de páginas da Bíblia hebraica nas paredes do seu escritório, para ajudá-lo a estudá-la e memorizá-la.

Depois da formatura, Bill ingressou no ministério presbiteriano, servindo como pastor adjunto de Jack Lash, meu ex-melhor amigo do seminário. Bill ainda era pastor lá, quando me ligou. Nos bons e velhos tempos, quando eu ainda era calvinista, Jack me fez pregar na sua ordenação e posse. Ele não falava comigo desde que me tornara católico.

Depois de meses de estudo e debates periódicos por telefone, ficava evidente a direção que Bill estava tomando. Sua pesquisa o aproximava mais e mais de Roma. Jack e os presbíteros da igreja tomaram medidas para conter sua possível deserção. Às vezes, a situação ficava maldosa e desagradável. Isto apenas intensificou a resolução da sua esposa de estudar o catolicismo de forma mais honesta. Como resultado, ambos, juntamente com Kimberly, continuaram lendo e conversando cada vez mais.

Até este ponto, minhas táticas assertivas com Kimberly não haviam alcançado nada construtivo. As tentativas de envolvê-la no debate eram infrutíferas. Todos os livros que eu recomendava eram selados com um beijo da morte.[1] Deus estava tentando me ensinar

[1] A expressão "beijo da morte" (*kiss of death*, no original) significa um ato ou evento que causa a ruína de algo — NE.

a recuar para que o Espírito Santo pudesse ter mais espaço para fazer a sua obra.

Em vez de oferecer argumentos apologéticos, voltei a compartilhar meus sentimentos pessoais; não, todavia, como uma estratégia alternativa pela qual eu pudesse manobrá-la e manipulá-la mais efetivamente. Esse era simplesmente o único meio respeitoso e amoroso de lidar com nossas diferenças. Aos poucos, aceitei o fato de que Kimberly talvez nunca se tornasse católica; e sua conversão não devia ser meu projeto perene.

Depois de mudarmos e fazermos novos amigos na comunidade, Kimberly e eu começamos a nos deparar com o mais difícil tipo de anticatólico que já havíamos encontrado, o ex-católico fundamentalista. Ao contrário dos típicos protestantes anticatólicos, que não apreciam nada além de intensos debates bíblicos sobre questões católicas, como Maria e o Papa, os ex-católicos fundamentalistas que encontrávamos estavam repletos de tamanha raiva e ressentimento contra a Igreja que se tornavam incapazes de um discurso racional. Para eles, eu estava possuído pelo demônio, então insistiram para que Kimberly sequer me ouvisse, pois Satanás estava me usando para atraí-la com suas mentiras. Em se tratando de uma mulher independente e inteligente como Kimberly, esse conselho estava fadado a ter o efeito contrário.

Na maior parte do tempo, eu esperava ansiosamente pelas conversas com os anticatólicos fundamentalistas que estavam preocupados com a minha salvação. Eu apreciava seu zelo evangélico.

Uma noite, durante o jantar, relatei a Kimberly uma conversa que havia tido, mais cedo naquele dia, com um fundamentalista que, ao saber que eu era católico, começou a trabalhar na minha evangelização.

Evidentemente, ele iniciou perguntando: — Você nasceu de novo?

Respondi: — Sim, com certeza. Mas o que *você* quer dizer com isso?

Ele pareceu confuso. — Você aceitou Jesus Cristo como o seu Senhor e Salvador?

Sorri largamente e falei: — Sim, com certeza. Mas não é por isso que nasci de novo. Nasci de novo por causa do que Cristo fez por meio do Espírito Santo quando fui batizado.

Ele ainda parecia perplexo, então continuei: — Veja, em lugar algum a Bíblia afirma: "Você deve aceitar Jesus Cristo como seu Senhor e Salvador pessoal". É uma grande coisa a fazer, mas não era disso que Nosso Senhor estava falando quando disse a Nicodemos, em Jo 3, 3, que ele tinha que "nascer de novo". Jesus esclareceu o que *realmente* quis dizer quando, dois versículos depois, falou: "Em verdade, em verdade vos digo: quem não renascer da água e do Espírito não poderá entrar no reino de Deus", referindo-se ao batismo. João deixou este ponto claro para o leitor porque, assim que terminou de descrever a conversa de Jesus com Nicodemos, nos versículos 2–21, ele afirmou no versículo seguinte que: "Em seguida, foi Jesus com os seus discípulos para os campos da Judéia, e ali se deteve com eles, e batizava". Alguns versículos depois, João relatou como "os fariseus ouviram que Jesus estava fazendo e batizando mais discípulos do que João". Em outras palavras, quando Jesus disse que deveríamos "nascer de novo", ele se referia ao batismo.

Espontaneamente, admiti à Kimberly que eu talvez tivesse sido muito contundente. Passei a explicar por que não concordava com a visão dos fundamentalistas de que os católicos não eram realmente cristãos só porque não usavam certas frases bíblicas da mesma forma; até porque os próprios fundamentalistas sequer interpretam aquelas frases corretamente, no contexto original. Ela concordou plenamente.

Pouco depois disso, voltei de uma conferência para teólogos na Franciscan University of Steubenville. Esta foi a primeira vez que estive lá. Fiquei surpreso por encontrar tantos católicos ortodoxos com tamanho zelo evangelizador. Fiquei ainda mais atônito com o que vi durante a missa do meio-dia: a capela estava cheia de centenas de estudantes que cantavam de coração, com um grande amor a Cristo na Sagrada Eucaristia.

Eu mal podia esperar para contar isso a Kimberly. Ela ficou emocionada ao ouvir que o zelo evangelizador com o qual cresceu tinha lugar na Igreja Católica.

Falei com um amigo da minha paróquia sobre a luta contínua para compartilhar a fé católica com minha esposa evangélica. Descrevi o canto entusiasmado, a dinâmica pregação bíblica e a calorosa fraternidade — tudo o que Kimberly vivenciava desde a infância. Ele fez uma sugestão curiosa. — Scott, pessoalmente considero que os protestantes têm todas essas coisas porque não têm o Santíssimo Sacramento. Quando se tem a presença real de Cristo na Sagrada Eucaristia, não se precisa de todo o resto. Concorda?

Mordi minha língua. Não queria reagir, mas precisava corrigir o que considerei um lapso perturbador. — Acho que sei o que você está tentando dizer, que a adoração eucarística pode ser silenciosa e reverente sem perder qualquer profundidade ou poder. Concordo com isso. De fato, estou começando a apreciar o canto gregoriano e o latim na liturgia; mas eu faria uma colocação diferente. Prefiro dizer que, porque temos a presença real de Cristo na Sagrada Eucaristia, nós — ainda mais do que os protestantes — temos algo pelo que cantar, pregar e celebrar juntos.

Por um momento, houve um silêncio constrangedor. — Sim, quem pode discordar quando você coloca dessa forma?

Pensando em voz alta, eu disse: — Mas por que não colocamos sempre desta forma? — Ele não teve resposta, nem eu.

Sempre me perguntei por que tantos católicos nunca examinam mais profundamente os mistérios de sua fé. E sempre me surpreendeu descobrir como cada e todo mistério está fundamentado nas Escrituras, centrado em Cristo e, de alguma forma, preservado e proclamado na liturgia da Igreja, a família da aliança de Deus.

Isso realmente me ocorreu um dia depois de assistir à missa do Dia de Finados. Kimberly queria saber o significado da comemoração. Em nenhum momento, a conversa se deteriorou em outro debate sobre a doutrina do purgatório. Decidi transpor a doutrina para um ponto mais importante, por assim dizer, enquadrando-a nos termos do amor da aliança de Deus.

— Kimberly, a Bíblia mostra quantas vezes Deus se revelou no fogo ao seu povo, para renovar sua aliança com ele: como um "braseiro fumegante e tocha ardente" com Abraão, em Gn 15; na sarça ardente com Moisés, em Ex 3; na coluna de fogo com Israel, em Nm 9; no fogo celestial que consumiu os sacrifícios do altar de Salomão e Elias, em 1Rs 8 e 18; e nas "línguas de fogo" com os apóstolos em Pentecostes, em At 2...

Kimberly interrompeu: — Tudo bem, Scott, onde você quer chegar?

Eu tinha uma chance de acertar. — Simplesmente isso. Quando Hb 12, 29 descreve Deus como "um fogo devorador", não está necessariamente se referindo à sua ira. Existe o fogo do inferno, mas existe um fogo infinitamente mais quente no céu; é o próprio Deus. Assim, o fogo se refere muito mais ao amor infinito de Deus do que à sua ira eterna. A natureza de Deus é como um fogo intenso de amor ardente. Em outras palavras, o céu deve ser mais quente do que o inferno.

— Não é de se admirar que as Escrituras façam referência aos anjos que estão mais próximos de Deus como serafins, que literalmente significa "os ardentes" em hebraico. É também por isso que São Paulo pode descrever, em 1Cor 3, 13, como todos os santos devem passar por um julgamento de fogo, no qual "a obra de cada um será manifesta; pois o Dia a fará conhecida, porque será revelada pelo fogo...".

— Claramente, ele não está falando do fogo do inferno, já que são santos que estão sendo julgados. Ele está falando de um fogo que os prepara para a vida eterna com Deus no céu; assim, o propósito do fogo é evidente: revelar se as obras são puras ("ouro e prata") ou impuras ("madeira, feno e palha").

— O versículo 15 deixa claro que alguns santos destinados ao paraíso passarão pelo fogo e pelo sofrimento:

"Se a obra de algum arder, ele sofrerá prejuízo, mas será salvo, apesar disso, como por meio do fogo". O fogo está ali com o propósito de purificar os santos. Isto significa que é um fogo purgatorial, que purifica e prepara os santos para serem envolvidos, para sempre, no fogo intenso da presença amorosa de Deus.

Eu havia falado muito; talvez demais. Sentei, esperando que Kimberly reagisse com raiva e frustração, como fizeram todas as outras vezes em que abordei o assunto do purgatório. Em vez disso, ela ficou sentada, quieta, com uma expressão pensativa no rosto. Eu podia dizer, pelos seus olhos, que ela estava refletindo sobre o que tinha ouvido. Decidi não forçar mais — desta vez.

No meio do segundo semestre de 1989, recebi um telefonema inesperado de Pat Madrid, do Catholic Answers, que eu sabia ser a melhor organização apologética católica do país. Com sede em San Diego, o Catholic Answers foi fundado por Karl Keating, autor de *Catholicism and Fundamentalism*, o livro que considerei o mais útil para ajudar as pessoas a responderem aos ataques fundamentalistas contra a Igreja. Foi bom finalmente encontrar corações semelhantes.

Mantivemos contato próximo nas semanas seguintes. Quando falei com eles sobre possibilidades futuras de trabalho, expressaram o interesse de me levar para uma entrevista informal e para ministrar-lhes um seminário noturno, na Igreja São Francisco de Sales, em Riverside, Califórnia. Então, foram feitos os preparativos.

Após meus três anos e meio de procura por pessoas com a mesma mentalidade, meu encontro com Karl e

Pat foi como um oásis. No sábado à tarde, no escritório do Catholic Answers, digitei rapidamente um esboço da palestra que faria no seminário noturno. Seria um testemunho de uma hora sobre a minha conversão à fé católica, seguido de perguntas e respostas. A palestra foi similar à que eu havia dado dezenas de vezes antes; porém, dessa vez, acabou sendo diferente de qualquer outra. Ia se tornar "a gravação" (também conhecida como "Pastor protestante torna-se católico").

Dez minutos antes de começar, fui apresentado a Terry Barber, da Saint Joseph Communications, que estava montando apressadamente um equipamento de gravação para a minha palestra. Enquanto arranjava o microfone, me explicou que ele e sua esposa, Danielle, recém-casados, tinham acabado de voltar de sua lua-de-mel em Fátima, Portugal. Ele também explicou seu atraso; havia gravado palestras em cinco locais diferentes naquele dia. Terry fez parecer que foi uma decisão de última hora até mesmo comparecer à minha palestra. Na época, isso realmente não me importou; posteriormente, ambos nos sentimos eternamente gratos.

Às 19h30 em ponto, fui apresentado a um pequeno grupo de trinta e cinco pessoas. Depois de falar por mais de uma hora — nunca concluí algo na hora marcada —, fiz uma pequena pausa e retornei para a sessão de perguntas e respostas. Quando estava tudo terminado, fui falar com Pat, no fundo da sala.

Enquanto estávamos conversando, Terry Barber veio correndo, acenando com uma cópia de uma fita cassete. — Deus usará essa gravação, meu amigo, disso eu sei.

Fiquei satisfeito em vê-lo tão animado, mas, como eu já havia feito a mesma palestra em muitas outras ocasiões em que ela tinha sido gravada, não pensei nada a respeito. Até pensei comigo mesmo: "Como eu estava despreparado esta noite; nas outras vezes, foi muito melhor". Talvez tenha sido esta a razão de Nosso Senhor ter escolhido usar precisamente essa palestra de forma tão poderosa, de modo que ninguém, senão ele próprio, pudesse receber os créditos por ela.

Voltei para casa em Joliet e contei a Kimberly tudo sobre o fim de semana com o Catholic Answers. Nunca me preocupei em contar a ela sobre o seminário noturno. Ainda não parecia tão significativo. No dia seguinte, eu estava de volta para lecionar as minhas aulas.

Algumas semanas se passaram antes que eu tivesse novamente notícias de Terry Barber. Ele me telefonou para dizer que tinha enviado dezenas de cópias gratuitas da fita para vários líderes e grupos católicos em todo o país. Terry relatou que estava recebendo uma resposta maravilhosa.

Eu mal sabia; aquela fita mudaria nossas vidas — e a de uma de nossas esposas!

— Não me admira — disse eu. — O que você esperava desse esforço empreendedor? Terry, acho que você tem a determinação de um apóstolo.

Descobri que uma cópia havia sido enviada ao evangelista católico Padre Ken Roberts que, depois de ouvi-la, imediatamente encomendou cinco mil cópias e começou a distribuí-las por todo o país. A menção do Padre Ken à fita, no canal da EWTN, abriu o caminho para que eu, muitos meses depois, aparecesse como convidado no programa *Mother Angelica, Live*.

Karl e Pat me alertaram. — Scott, muito em breve, sua vida vai acelerar e ficar muito ocupada.

Eles estavam corretos; e também eram parcialmente culpados. Um dos nossos primeiros empreendimentos cooperativos veio logo depois que "a gravação" foi feita. O Catholic Answers patrocinou um debate público de três horas entre o Dr. Robert Knudsen, professor de teologia sistemática e apologética no Westminster Theological Seminary, e eu. Durante a primeira metade da noite, debatemos o princípio *sola scriptura*; na segunda metade, a doutrina *sola fide*. Devo confessar que senti mais do que um pouco de medo ao preparar-me para debater, com um estudioso de renome global, as duas grandes questões que dividem protestantes e católicos.

Nunca sonhei com um resultado tão positivo. Os alunos do Westminster Seminary, que estavam presentes, expressaram surpresa e entusiasmo no final. Mas não foi apenas isso. O mais importante, assim que voltei para casa, foi que Kimberly ligou um toca-fitas para ouvir todo o debate. Três horas depois, ela se sentou e, atônita, tudo o que ela conseguiu dizer foi: — Não posso acreditar no que acabei de ouvir.

Fiquei emocionado. Não perdi tempo e entreguei a ela uma cópia de "a gravação". Foi a primeira vez que ela ouviu meu testemunho desde que me tornara católico.

As coisas continuaram acelerando. Recebi um telefonema do Dr. Alan Schreck, então presidente do departamento de teologia da Franciscan University of Steubenville. Ele me falou sobre uma vaga no departamento para o próximo ano letivo, 1990–1991, e sugeriu que lhe enviasse meu currículo. Não perdi tempo.

Alguns anos antes, a Franciscan University patrocinara uma conferência sobre casamento e família. Compareci com Phil Sutton, um bom amigo e colega que, na época, lecionava psicologia no College of Saint Francis. Após a conferência, durante nossa viagem para casa, lembramos como, no mundo inteiro, o povo judeu usa o ditado: "No próximo ano, em Jerusalém". Com humor, Phil e eu desenvolvemos um novo ditado católico para nós mesmos: "No próximo ano, em Steubenville". No ano seguinte, Phil deixou o College of Saint Francis para começar a lecionar na Franciscan University of Steubenville. Foi contratado para inaugurar o programa de mestrado da instituição, em aconselhamento. Agora, eu estava sendo considerado para o ano seguinte. Mal sabíamos que o Senhor interpretaria uma frase engraçada como uma prece.

Quando contei a Kimberly sobre a oportunidade, eu a lembrei da minha experiência de adoração ali. Falei a ela sobre o compromisso pró-vida da universidade, desde seu presidente, o Padre Michael Scanlan, até os professores e os alunos. E informei que a Franciscan University tinha mais de cem alunos se formando em teologia — mais do que a Catholic University ou a Notre Dame — além de um programa de mestrado em teologia, com foco em casamento e família. Pela primeira vez, em mais de cinco anos, estávamos orando novamente com um só coração.

No Natal, dirigimos até Steubenville para a entrevista inicial com o Padre Scanlan e o Dr. Schreck. Um dia antes de partirmos, Kimberly sofreu um segundo aborto espontâneo. Fiquei arrasado, ela ficou devastada. Perto do fim da entrevista, Kimberly lhe contou o que acabara de acontecer. Ela então pediu a ele — um padre católico! — para rezar por ela. Sem um momento de hesitação, ele se levantou, saiu de trás de sua mesa, colocou as mãos sobre os ombros dela e começou a clamar, em oração, pela graça curadora de Deus.

Durante a entrevista, Padre Scanlan compartilhou suas próprias lutas no passado com certas doutrinas e devoções marianas. Nada teria agradado mais a Kimberly do que ouvir quanto esforço um padre católico precisou fazer para aumentar sua compreensão e admiração por Maria. Ela ouviu atentamente enquanto ele explicava sua recente descoberta do quanto a doutrina e a devoção marianas realmente são bíblicas e centradas em Cristo, quando são realmente compreendidas e praticadas como o Vaticano II as apresenta. Ele foi breve, porém eficaz.

Várias semanas se passaram antes que eu fosse para uma segunda entrevista e para dar uma palestra para o corpo discente. Ambas foram muito bem. Meu tempo com Alan e Nancy Schreck foi especialmente cordial. Além de anfitriões gentis, eles estavam se tornando bons amigos. Poucos dias depois de voltar para casa, Alan nos comunicou a oferta do emprego. Até então, nossas orações por orientação divina eram tudo menos neutras. Aceitamos a oferta com entusiasmo.

O curioso é que eu tinha menos certeza do que nunca sobre a posição de Kimberly nas questões católicas. Eu estava finalmente aprendendo a lição que Gil Kaufmann, um bom amigo do Opus Dei, colocara na minha cabeça: enfatize o romance em vez da doutrina.

Viajei para a Califórnia para palestrar em uma conferência nacional sobre apologética, patrocinada pelo Catholic Answers. Muitas pessoas de lá tinham ouvido "a gravação" e perguntavam tudo sobre Kimberly. Depois que terminei a palestra, a primeira pergunta que recebi foi mais ou menos assim: — Scott, todos nós ouvimos a fita que você gravou há poucos meses. Diga-nos como sua esposa está se saindo na luta com a fé católica. — Foi constrangedor. Tive que dizer a eles que eu não sabia.

Mais tarde, à noite, liguei para Kimberly na casa dos Schrecks em Steubenville, onde ela estava passando o fim de semana enquanto procurava uma casa. Falei a ela sobre todas as pessoas, na conferência, que ouviram a gravação e como queriam saber sobre ela, e perguntei se teria algo que gostaria que eu dissesse. Eu não estava preparado para a resposta.

Depois de uma pausa, ela disse: — Diga a eles que, quando eu estava dirigindo para Steubenville ontem, na Quarta-feira de Cinzas, depois de muito pensar e orar, ficou claro que Deus estava me chamando para voltar para casa nesta Páscoa.

Nenhum de nós conseguiu falar por mais de um minuto. Então, as lágrimas, as orações e o júbilo começaram.

Em curto espaço de tempo, todos da conferência souberam.

Kimberly seria recebida na Igreja de São Patrício, em Joliet, durante a vigília pascal, 1990. (O momento parecia mais do que irônico; cinco anos antes, 1990 havia sido definido como a primeira data para eu me incorporar à Igreja — meu prazo passou a ser o dela). A alegria de antecipar a recepção de Kimberly foi arrebatadora; isto fez com que a entrada no espírito penitente da Quaresma fosse um desafio único para nós dois. Nossa celebração da Semana Santa nunca foi tão especial.

Durante a Semana Santa, perguntei a Kimberly, de forma bem espontânea: — Quem você escolheu para ser o seu santo protetor?

Ela me lançou um olhar engraçado. — Do que você está falando?

Então expliquei. — Quando você é crismado, tem a oportunidade de escolher um "nome de confirmação", que é normalmente tirado de um santo de devoção de quem você pode se sentir mais próximo. Por exemplo, quando entrei para a Igreja, escolhi São Francisco de Sales.

Kimberly parecia ainda não estar entendendo. Perguntou: — Por que ele?

Expliquei: — São Francisco de Sales tornou-se Bispo de Genebra, na Suíça, quando João Calvino estava conduzindo o povo para longe da fé católica. Descobri, por meio das minhas leituras, que São Francisco de Sales era um pregador e apologista tão eficiente que, por meio de seus sermões e panfletos, mais de quarenta mil calvinistas foram trazidos de volta à Igreja. Então, imaginei que, se ele conseguiu guiar todos eles de volta naquela época, ele poderia guiar mais um agora. Além disso, São Francisco de Sales também foi declarado patrono da imprensa católica, e como eu tinha em torno de quinze mil livros achei que ele era a escolha natural para mim.

Kimberly virou-se com um olhar um tanto melancólico. — Vou ter que orar por isso, eu acho, e ver se o Senhor me traz alguém à mente.

Não contei a ela, mas eu já sabia quem era a minha primeira escolha para o seu santo protetor. Dois anos antes, pouco depois de entrar para a Igreja, participei de uma conferência do Fellowship of Catholic Scholars, onde encontrei um conhecido teólogo, Germain Grisez. Sentei-me com ele e sua esposa, Jeannette, no jantar de sábado à noite. Compartilhei com eles todo o entusiasmo da minha conversão, bem como meu sofrimento pela resistência de Kimberly.

No final de nosso tempo juntos, os dois se olharam e depois olharam para mim. Germain falou: — Sabemos exatamente o que fazer.

Não captei o significado de sua observação um tanto enigmática. Indaguei: — O que você quer dizer com isso?

Ambos começaram a me contar sobre Santa Elizabeth Ann Seton: dona de casa, mãe de cinco filhos, católica convertida do protestantismo e fundadora da American Sisters of Charity. Ela fora canonizada recentemente como a primeira santa nativa americana. Eles também mencionaram que seu túmulo ficava próximo à casa deles em Emmitsburg, Maryland.

Ouvi-los falar de Santa Elizabeth Ann Seton era interessante, mas não me pareceu o ponto alto da conferência — até mais tarde.

Uma semana depois, recebi um pacote pelo correio. Ao ler "Germain e Jeannette Grisez" no endereço do remetente, desconfiei que fossem objetos católicos, então, levei para o meu escritório para abrir longe do olhar angustiado de Kimberly. Dentro havia uma cópia da biografia de Santa Elizabeth Ann Seton, feita por Joseph Dirvin, e algo que eu nunca havia visto antes: um pequeno relicário contendo uma relíquia da Madre Seton.

Não tinha idéia do que fazer com o relicário, então, pedi a um amigo católico para me explicar. Depois disso, comecei a carregar a relíquia no bolso. Servia como um lembrete, sempre que as coisas ficavam tensas entre Kimberly e eu, para entregar a causa ao Senhor por meio do patrocínio e intercessão de Madre Seton.

Um dia, o inevitável aconteceu. Enquanto vasculhava meus bolsos ao lavar a roupa, Kimberly encontrou o relicário.

— Scott, que raios é isso?

Eu congelei. Com um tom nervoso mal disfarçado, gaguejei: — Oh, nada, Kimberly, realmente não é nada demais. E você não vai querer saber.

Por um momento, ela olhou para o relicário com desconfiança — eu podia dizer que ela estava com medo de que, se perguntasse mais alguma coisa, eu provavelmente explicaria algo que ela realmente não queria ouvir — assim, ela me devolveu o objeto.

Com uma combinação de prudência e medo, parei de carregar o relicário, colocando-o no fundo da gaveta da minha escrivaninha. A essa altura, já havia enterrado a biografia em algum lugar da prateleira de baixo, em um canto escuro do meu escritório.

Percebo agora que talvez não devesse ficar surpreso dois anos depois — mas fiquei.

Um dia depois de perguntar à Kimberly sobre seu nome de confirmação e o santo padroeiro, quando me preparava para dormir, perguntei: — O que você está lendo, Kimberly?

— É um livro sobre Santa Elizabeth Ann Seton.

Parei enquanto vestia meu pijama. — Kimberly, posso perguntar onde encontrou isso?

Com um tom de indiferença, ela explicou: — Bem, Scott, hoje eu estava remexendo em todos os seus livros e, por acaso, peguei este.

Ignorei os arrepios subindo e descendo pela minha espinha. — Bem, o que está achando dele?

— Incrível! — ela disse entusiasmada. — Estou lendo sobre ela há horas, Scott, e acho que encontrei minha santa padroeira.

"Ou ela encontrou você", pensei.

Tudo o que pude fazer foi balbuciar: — É mesmo? — (Não tinha mais certeza, naquele momento, onde a "comunhão dos santos" terminava e a imaginação começava). Sentei-me na cama e expliquei o que acontecera dois anos antes. Em seguida, dei a ela a relíquia.

Terminamos o dia com uma breve oração de agradecimento a Deus — e à sua filha maravilhosa, nossa irmã espiritual em Cristo, Santa Elizabeth Ann Seton.

A noite memorável finalmente chegou. Kimberly saiu para a missa da vigília pascal meia hora mais cedo para que o Padre Memenas pudesse ouvir sua primeira confissão.

Na metade da missa, Kimberly me entregou um bilhete. Eu olhei para baixo e li as seguintes linhas: "Querido Scott, sou muito grata por você e por ter aberto este caminho para nós. Eu te amo. K.". Estava extasiado demais de alegria para dizer qualquer coisa, mas o sorriso e as lágrimas foram suficientes para Kimberly saber o que eu estava pensando. Naquela noite, compartilhamos a eucaristia juntos pela primeira vez. Foi o clímax adequado para um vertiginoso romance religioso, pois minha esposa e eu estávamos totalmente reunidos por meio de Cristo e sua Noiva.

Kimberly: Uma semana após o batismo de Hannah, nos mudamos para Joliet, Illinois. Foi uma época muito agitada para nós, ajustando-nos à mudança para a primeira casa que possuíamos, adaptando-nos ao nosso novo bebê e começando a aventura do *homeschooling* pela primeira vez. Scott estava ensinando em tempo integral no departamento de teologia do College of Saint Francis e amando a experiência. A vida estava tão repleta de acontecimentos!

Este foi realmente o degelo da "primavera" para mim, depois do inverno. Meu coração queria estudar, especialmente o batismo. Scott encontrou tempo para cuidar das crianças para que eu pudesse estudar. Em vez de ver meus dias no seminário como um desperdício, percebi que havia adquirido ferramentas com as quais poderia me aprofundar nas Escrituras, em um estudo sério. Tive uma agradável surpresa ao me debruçar sobre os estudiosos bíblicos católicos — por algum motivo, achava que os católicos citavam principalmente documentos papais. Passei a apreciar o fato de Hannah ter se tornado filha de Deus por meio do batismo, tendo nascido novamente pela água e pelo Espírito. Ao estudar o batismo, vi como ele se relacionava com o que eu já havia feito na justificação. Como aconteceu com Scott, meu estudo no seminário me levou a rejeitar como antibíblico o ensino protestante da justificação apenas pela fé.

O batismo infantil destacava a justificação somente pela graça. Fiquei surpresa com a beleza dos estudos das Escrituras pelos católicos no que diz respeito à justificação e ao batismo.

Eu não havia ido à missa desde a vigília pascal, quando Scott veio para a Igreja, dois anos antes. Quando assisti à celebração da Quarta-feira de Cinzas em uma pequena capela, fiquei impressionada com a profundidade com que a liturgia havia me tocado. O chamado ao arrependimento foi tão claro que imaginei o quanto os vários amigos ex-católicos não o tinham compreendido, quando diziam nunca terem sido chamados para o Evangelho na Igreja Católica.

Assim que Scott se tornou católico, nossos meninos (de dois e três anos à época) começaram a falar em ser padres. Eu não podia acreditar no que ouvia! Isso realmente me feriu profundamente naquele momento. Já em Joliet, conheci vários padres maravilhosos e de muita fé. E percebi que meu coração mudava de direção em relação ao chamado de Deus na vida de nossos filhos. Quando nosso filho Gabriel, de três anos, disse: — Mamãe, não há padres e freiras suficientes no mundo. Quero ser padre e andar pelo mundo todo, fazendo mais padres e freiras —, senti o coração contente com o desejo dele. Este tipo de mudança só poderia vir do Senhor.

Comecei a formular perguntas de maneira diferente quando ia orar. Comecei a pedir ao Senhor que me desse seu coração e sua mente na eucaristia e nos outros sacramentos. Em vez de prantos cheios de dor, resultantes dos confrontos Scott *versus* Kimberly sobre essas questões, comecei a me aproximar de Deus, desejando sua perspectiva, mesmo que fosse católica romana.

Ainda havia momentos de angústia absoluta — de sentir que estava sendo sugada para o vazio; que não estava pensando com clareza suficiente porque, se estivesse, veria os defeitos da Igreja Católica. Ainda havia momentos de choro tão profundo que eu mal conseguia respirar enquanto a agonia do desconhecido me pressionava. Mas, agora, também havia momentos de incrível graça, que me traziam descobertas. Nem sempre eu conseguia perceber onde terminavam minhas convicções e começava a minha obstinação. Mas, Deus, em sua misericórdia, estava me guiando.

Scott e eu concordamos que, quando estivesse com sete anos, Michael receberia a primeira comunhão e as crianças se tornariam católicas. Contudo, tive que afastar esse cronograma dos meus pensamentos. Não conseguia lidar com essa pressão. Em vez disso, tentei me concentrar nas dúvidas.

Na primavera de 1988, Scott me incentivou a aproveitar a oportunidade de visitar amigos que eram pastores na Virgínia. Eu tinha vários questionamentos e esperava que eles me ajudassem a resolver.

Foi uma viagem muito frutífera, que renovou amizades desgastadas pela conversão de Scott e proporcionou conversas estimulantes sobre teologia. Quando comecei a compartilhar com nossos amigos por que Scott dissera o que dissera, fiquei mais convencida da lógica por trás de seus argumentos, embora não quisesse necessariamente me convencer.

Primeiramente, Jack e eu vimos frase por frase de Jo 6, 52–69, examinando a posição católica. Embora eu tivesse lido João detalhadamente várias vezes na minha vida, nunca antes havia sido atingida pela força das palavras de Jesus, quando ele diz reiteradamente que seu corpo é para ser comido (até mesmo mastigado) e seu sangue para ser bebido, para recebermos sua vida.

Eu disse: — Jack, o que fazer com isso?

— Acho que Jesus está ensinando sobre a fé, Kimberly.

Esta era a mesma análise que tínhamos recebido na aula que fizemos juntos no seminário.

— Espere um minuto. Você está baseando isso na frase "a carne de nada serve", no versículo 63? Leia o restante do versículo. "O Espírito é que vivifica, a carne de nada serve". É o Espírito que dá a vida. Em outras palavras, Jesus não estava dizendo às pessoas: "Venham e um de vocês pode ter um dedo da mão, outro pode ter um dedo do pé". Ele estava indicando um tempo após sua morte, ressurreição e ascensão, quando o Espírito daria aos discípulos seu corpo glorificado, para que sua carne fosse uma dádiva de vida para o mundo.

— Além disso, Jack, por que isso teria ofendido tanto os judeus, se Jesus estivesse apenas falando sobre fé e um sacrifício simbólico de sua carne e sangue? Eles saíram enojados, achando que ele estivesse falando sobre canibalismo. Por que Jesus permitiu que a maioria de seus discípulos partisse com um mal-entendido básico e nunca esclareceu, nem mesmo para seus discípulos mais próximos, que ele estava apenas falando sobre fé por meio de uma mera simbologia de seu sacrifício final? Ao menos para seus discípulos mais próximos, ele esclareceu as compreensões equivocadas de ensinamentos em outras passagens da Escritura.

Jack não via as dificuldades que eu via na compreensão protestante dessa passagem, mas eu estava sentindo a força dos argumentos católicos pela primeira vez. Para mim, essa discussão lançou luz sobre outro problema que eu tinha com a transubstanciação: como Jesus, em sua humanidade, pôde dar seu corpo e sangue verdadeiros aos seus discípulos na Última Ceia? E se ele não fez isso lá, por que deveríamos dizer que a nossa imitação de seu ato deveria ser algo além de simbólica?

Eu sabia que os católicos diziam que era um milagre, mas parecia uma explicação fácil demais, até que a vinculei ao ensino anterior de Jo 6 sobre o milagre dos pães e peixes. Esta multiplicação de alimentos foi para apontar o caminho para a milagrosa multiplicação do corpo e do sangue de Jesus para a vida do mundo. Embora, considerando apenas sua natureza humana, Jesus não pudesse separar seu corpo e seu sangue no Cenáculo, para oferecê-los aos discípulos, ele nunca fora somente humano. Sendo Jesus tão plenamente divino quanto plenamente humano, ele podia ter se sentado ali com seu corpo e seu sangue e, ao mesmo tempo, ter transformado o pão e o vinho em seu corpo e sangue.

Em seguida, visitei Bill, outro amigo pastor, e sua esposa Lisanne. Após alguma conversa, Bill perguntou: — O que acontecerá com seus filhos?

— Certamente nossos filhos serão criados como católicos. Na verdade, não tenho outra opção.

— Você tem outra opção — assegurou Bill. — Poderia levar seus filhos com você, em um divórcio, porque ele abandonou a fé e abraçou a heresia.

— Essa não é uma possibilidade, Bill, pois sei que Scott, como cristão, agiu com muita integridade para que eu simplesmente o descarte espiritualmente, levando embora os nossos filhos.

Bill e Lisanne fizeram muitas perguntas e me deram uma oportunidade real de compartilhar meu coração, ao contrário da maioria dos amigos protestantes que tínhamos. Mais tarde, na conversa, eu disse: — Vejam! Não sou relativista, nem vocês são. Se eu entrar para a Igreja Católica — e não quero isso —, mas, se eu me convencer de que é verdadeira, quero levar todos vocês comigo!

(Alguns meses depois, Bill ligou para Scott para se desculpar por ter me aconselhado o divórcio e disse que minhas explicações sobre as crenças de Scott tinham sido tão convincentes que ele estava começando a estudar a Igreja Católica a sério. Lisanne se tornou minha parceira de estudos à distância. Ela e eu estávamos em situações similares: ambas necessitando estudar essas coisas e tendo emoções conflitantes sobre fazê-lo. Estudávamos um tópico ou livro e depois tínhamos conversas de uma a três horas, cerca de duas vezes por mês. Meses após minha conversão, Bill e Lisanne vieram para a Igreja, em meio a muitos sofrimentos relacionados à excomunhão de sua igreja e denominação).

Voltei da viagem trazendo emoções conflitantes. Mais peças se encaixaram no quebra-cabeças católico, e já podia inferir que algumas das minhas amizades protestantes poderiam se tornar muito tênues, caso eu continuasse a minha busca. Ainda havia momentos de depressão e isolamento. E sentia a desconfiança de alguns novos amigos católicos.

Eu não estava convencida de que os católicos acreditassem naquilo que eu estava estudando que os católicos supostamente acreditavam. Quando íamos à missa, as pessoas entravam e sequer tiravam seus casacos, parecendo que estavam prontos para partir assim que recebessem a hóstia. (Eu nunca jantaria na casa de alguém vestida com o casaco que usei na rua!). Para um protestante evangélico, acostumado a confraternizar e a conversar amigavelmente depois dos cultos, foi um choque descobrir que a maioria das pessoas não pretendia ficar, nem cumprimentar as demais.

Observei como as pessoas recebiam a hóstia e saíam porta afora — acho que queriam ser as primeiras a sair do estacionamento. Já imaginou jantar em algum lugar e nem ao menos agradecer o anfitrião que ofereceu a refeição? E mais: supostamente, essas pessoas estavam recebendo o Senhor do Universo, o Deus-homem que morrera para salvá-las! E não tinham tempo de lhe agradecer por este presente incrível! Scott chamou isso de "o desprezo de Judas" — receba e vá embora.[2]

Uma noite, tivemos a oportunidade de estar em uma missa que teve uma procissão eucarística ao final. Eu nunca tinha visto isso antes. Enquanto observava fileira após fileira de homens e mulheres adultos se ajoelhando e se curvando à medida que o ostensório passava, pensei: "Essas pessoas acreditam que aquele é o Senhor, e não apenas pão e vinho. Se este é Jesus, esta é a única resposta apropriada. Se alguém deve,

---

[2] No original, a expressão é *Judas shuffle*, que significa o ato de sair da missa mais cedo, geralmente após a comunhão e antes do rito final, sem que, para isso, haja uma justificativa de força maior. A expressão faz referência ao ato de Judas Iscariotes ao deixar o Cenáculo, desprezando Jesus e seu sacrifício, a fim de se juntar aos guardas que O prenderiam — NE.

hoje, se ajoelhar diante de um rei, quanto mais deve fazê-lo perante o Rei dos Reis? O Senhor dos Senhores? Seria adequado não se ajoelhar?".

Continuei ponderando... e se não for? Se aquele não é Jesus no ostensório, então o que eles estão fazendo é idolatria grosseira. Seria certo se ajoelhar? Esta situação destacou o que Scott havia dito o tempo todo: a Igreja Católica não é apenas outra denominação — ela é verdadeira ou é diabólica.

Como eu tinha que decidir, porque o ostensório estava se aproximando, fiz um movimento meio indiferente, abaixei-me um pouco e me levantei. Mais uma vez, me senti estimulada pelo Espírito Santo a continuar a levar meus estudos a sério, porque isso não era tão simples quanto escolher minha denominação favorita.

Embora eu não estivesse pronta para assumir um compromisso com a Igreja Católica, já sentia o afastamento de alguns novos amigos fundamentalistas, porque eles achavam que eu estava me tornando católica demais. Era como se eles não pudessem ver que ambos estávamos sentados no colo do Pai — como se estivessem tentando me empurrar, dizendo: "Você não tem o direito de estar aqui! Você vai se tornar católica romana!".

No entanto, eu ainda tinha grandes empecilhos à conversão, especialmente Maria. Scott entendeu isso — ele também esteve lá, uma vez. Quando Scott soube que o Dr. Mark Miravalle viria fazer uma apresentação sobre Maria em nossa faculdade, ele me convidou para a palestra. Pensei que seria útil ouvir uma apresentação que me desviasse do combate acirrado em que Scott e eu normalmente vínhamos nos engajando.

Não gostei de tudo o que ouvi; eu tinha muitas perguntas. Mas eu não estava tão na defensiva como de costume. Ouvi enquanto o Dr. Miravalle esclarecia o que a Igreja Católica ensinava sobre Maria. Primeiramente, ela não era uma deusa — era digna de honra e veneração, mas não digna de adoração, que deve ser dedicada somente a Deus. Em segundo lugar, Maria fora uma criatura moldada de maneira ímpar por seu Filho, como nenhuma mãe foi ou será. Em terceiro, Maria se alegrou em Deus, seu Salvador, como ela manifestou no Magnificat, porque Jesus a salvou do pecado desde o momento da concepção. Em outras palavras, sua impecabilidade foi um presente da graça, salvando-a antes que pecasse. (Certamente, Deus salvou muitos de nós da devassidão selvagem antes de cairmos nela; ele talvez tenha salvado Maria ainda antes. Concordei que isso era possível).

Quarto, o título de Maria como a Rainha do Céu não veio por ser casada com Deus — como eu havia pensado — mas baseou-se na honra de ser a Rainha Mãe de Jesus, o Rei dos Reis e o Filho de Davi. No Antigo Testamento, o Rei Salomão, filho de Davi, elevou sua mãe, Betsabá, a um trono à sua direita, prestando-lhe homenagem em sua corte como a rainha-mãe. E, no Novo Testamento, Jesus elevou sua mãe, a Bem-aventurada Virgem Maria, a um trono à sua direita no céu, convidando-nos a prestar-lhe homenagem como a Rainha Mãe do Céu.

Quinto, a missão de Maria era apontar para além de si mesma, para seu Filho, dizendo: “Façam tudo o que ele disser”. Neste momento, percebi que certos exemplos de piedade mariana, que se concentraram em Maria ao ponto de negligenciar Jesus, talvez não fossem fiéis aos ensinamentos católicos sobre ela. Talvez essas queridas almas nem tenham percebido, mas estavam ofendendo a Santíssima Virgem mesmo na tentativa de honrá-la, pois negligenciavam sua missão primária de nos levar ao seu Filho.

Quando Scott e eu chegamos em casa naquela noite, tivemos uma boa conversa sobre os pontos de vista do Dr. Miravalle. Ele adicionou uma descrição de Maria como sendo a obra-prima de Deus, que considerei útil.

— Maria é a obra-prima de Deus. Você já entrou em um museu onde o artista estava exibindo o seu trabalho? Você poderia imaginá-lo ofendido, se você ficasse olhando o que ele considerasse sua obra-prima? Ele se ressentiria de você olhar para essa obra em vez de olhar para ele? "Ei! você tem que olhar para mim!". Ao contrário, o artista se sentiria honrado pela atenção que você dedicasse ao trabalho dele. E Maria é obra de Deus, do início ao fim.

Scott continuou: — E se alguém elogiar um de nossos filhos para você, você o interromperá com um "vamos dar crédito a quem merece"? Não, você sabe que está sendo honrada quando nosso filho é homenageado. Da mesma forma, Deus recebe glória e honra quando seus filhos são honrados.

Eu levei esses pensamentos à oração daquela noite e, pela primeira vez, perguntei a Deus o que ele pensava sobre Maria. As frases que vieram ao meu coração foram estas: "Ela é minha filha amada", "minha filha fiel", "meu lindo vaso" e "minha arca da aliança transportando Jesus para o mundo".

Não conseguia entender por que parecia que os católicos adoravam Maria, embora eu soubesse que a adoração a Maria era claramente condenada pela Igreja. Tive então uma idéia: os protestantes definiam a adoração como um conjunto de canções, orações e sermão. Portanto, quando os católicos cantavam para Maria, faziam-lhe pedidos em oração e pregavam sobre ela, os protestantes concluíam que ela estava sendo adorada. Entretanto, os católicos definiam a adoração como sendo o sacrifício do Corpo e Sangue de Jesus, e jamais tinham oferecido um sacrifício de Maria, nem para Maria, no altar. Pensar nisso me rendeu uma boa reflexão.

Muitas questões teológicas importantes foram resolvidas, mas havia um muro, uma barreira emocional, que exigiu um dom sobrenatural de fé até para querer olhar além, e muito mais para escalá-la. Em novembro de 1988, escrevi: "Onde há morte, Deus pode trazer ressurreição; no entanto, a coisa tem que estar completamente morta para ser ressuscitada. Já estou morta? Já me rendi totalmente a vós, Senhor, para morrer para mim mesma e viver em vós? É muito difícil evitar a depressão e o desespero. Em meio às dificuldades, eu vos louvo, Senhor, pois vós conheceis o fim desde o começo".

Certa vez, quando estava tendo um dia particularmente difícil com as crianças, um amigo ligou. Comentei que o dia estava difícil e ele disse: — Por que você não pensa em Maria como uma mãe maravilhosa a quem você pode pedir ajuda?

Eu disse: — Vamos ser honestos. Primeiro, você está me dizendo que estou lidando com uma mulher que nunca pecou. Segundo, você está me dizendo que essa mulher teve apenas um filho e ele era perfeito. Pense bem: alguma coisa dá errado na mesa do jantar e todo mundo olha para São José — só pode ser culpa dele!

— Eu nem mesmo acredito na intercessão dos santos. Mas, se acreditasse, iria a José. Eu sequer consigo me relacionar com Maria!

(Posteriormente, compartilhei essa história com uma amiga que estava preocupada com o fato de eu não conseguir me relacionar com Maria. Depois de pensar um pouco, ela disse: — Kimberly, o que você disse é verdade — ela era perfeita e teve apenas um filho perfeito — mas se ela é realmente a mãe de todos os crentes, imagine quantos filhos difíceis ela já teve!).

Foi nessa época que Deus, em sua misericórdia, nos permitiu um sofrimento especial: enfrentamos dois abortos espontâneos em 1989; um em janeiro (Raphael) e um em dezembro (Noel Francis). Eu disse *em sua misericórdia* porque ele tem uma maneira incrível de usar a dor e o sofrimento para nos despojar de muitas coisas não essenciais e nos atrair para mais perto dele. Como Madre Teresa diz, nossos sofrimentos são carícias suaves de Deus, chamando-nos de volta para ele, a fim de admitir que não temos o controle de nossas vidas, mas que ele está no controle e a ele podemos confiar totalmente a nossa vida. Percebi com muito mais profundidade as verdades que já havia abraçado a respeito da contracepção, relativas aos dons de Deus de novas vidas, e comecei a entender, de uma forma pessoal, a natureza redentora do nosso sofrimento.

O céu se tornou uma realidade muito mais plena; até então, eu pensava no céu apenas com Jesus e eu. Fui ensinada que pensar em estar com outra pessoa no céu era, de alguma forma, diminuir a glória e a maravilha de estar com Jesus. Mas, a cada aborto espontâneo, uma parte de mim morria. Eu ansiava por estar com essas crianças, e abraçá-las, e conhecer essas almas preciosas. A alegria de ser reunido àqueles que você ama — pais, irmãos e filhos — e que, com você, amam o Senhor, é uma alegria que demonstra a glória de Deus, que reflete a luz de sua glória em vez de diminuí-la.

O céu é descrito como uma grande celebração, a festa de casamento do Cordeiro! Certamente, à medida que o amor é aperfeiçoado, ele não é aniquilado, mas atinge seu florescimento pleno na presença de nosso Deus.

Em 22 de janeiro de 1989, depois da cirurgia em decorrência da gravidez tubária, fiquei deitada em meu quarto de hospital sentindo um grande vazio. Senti uma grande solidão — pela perda dessa vida que estava dentro de mim e pela intensa dor física do corte da cesariana a que fui submetida (sem o consolo de um pequenino para segurar). Scott tinha ido para casa para ficar com nossos outros três filhos, que não tiveram permissão para me visitar no hospital durante meus quatro dias de recuperação. E, para piorar, o médico me internou em uma maternidade, onde eu podia ouvir bebês e suas mães durante minha estada.

Ao abrir meu coração ao Senhor, imaginando meu bebê separado de mim, mas em seus braços, ele me trouxe à mente trechos das Escrituras que eu havia memorizado há muito tempo, de Hb 11 e 12. (Observe como foi importante eu ter memorizado essas Escrituras para que Deus pudesse trazê-las ao meu coração em um momento de crise, quando eu não tinha acesso à sua palavra. Os católicos podem e devem memorizar as Escrituras — os protestantes não têm nenhum gene especial que lhes torne mais fácil fazer isto!).

Hb 11 é aquele grande capítulo da fé, que lista santos maravilhosos que arriscaram tanto, inclusive suas vidas, por Deus. No início do capítulo 12, lê-se: "Desse modo, cercados como estamos de uma tal nuvem de testemunhas, desvencilhemo-nos das cadeias do pecado. Corramos com perseverança ao combate proposto, com o olhar fixo no autor e consumador de nossa fé, Jesus".

Pensei, em meu entendimento de protestante, que a comunhão dos santos que afirmei no Credo significava que os santos no céu comungam entre si, e que os santos na Terra comungam entre si, mas que o contato entre o céu e a terra é somente entre cada um de nós e o Senhor. Afinal, o Antigo Testamento claramente condena a necromancia — contato com os mortos para descobrir o futuro.

No entanto, Hb 12 parecia dizer que estávamos cercados (tempo presente), em nossa trajetória aqui, por todos os irmãos e irmãs que se foram antes de nós. Em outras palavras, eu não estava sozinha em meu quarto de hospital. Eu sabia que Jesus estava lá, mas também estavam muitos outros irmãos e irmãs que haviam partido antes de mim. Era como se estivéssemos em um estádio olímpico e as pessoas nas arquibancadas fossem ex-medalhistas da corrida em que eu agora competia — eles sabiam o que era preciso para vencer e estavam ao meu redor me animando.

Naquela nuvem de testemunhas presentes ali mesmo, no meu quarto de hospital, haveria santas que perderam filhos bem mais crescidos do que meu bebê, cujos esposos haviam morrido (não simplesmente ido para casa cuidar das outras crianças), cuja experiência com a solidão fora pior do que qualquer uma que eu já tivesse vivenciado, e cuja condição física tinha sido pior do que a minha. No entanto, não estavam lá para me julgar, nem mostravam desagrado pelo meu miserável fracasso em superar a tristeza e a solidão. Em vez disso, estavam lá para me assistir em nome do Senhor, em sua compaixão e orações por mim enquanto eu estava lá, imersa em tanta dor e tristeza.

Se as orações de um homem justo são muito poderosas, como diz Tg 5, 16, quanto mais não serão aquelas dos perfeitos? Se eu podia pedir a minha mãe na Terra para orar por mim, sabendo que Deus ouviria seus pedidos, por que não poderia pedir à mãe de Jesus que rezasse por mim? Isto não era o mesmo que necromancia — essas almas eram de viventes, não de mortos. E eu não estava pedindo que previssem o futuro; estava pedindo que intercedessem em meu favor, assim como pedi aos meus irmãos e irmãs em Cristo aqui na Terra que intercedessem por mim. Eu não estava me aproximando deles em vez de Jesus, mas sim indo com eles até Jesus, como fizeram na Terra.

Esta oração por intercessão não diminuía a glória de Deus; ela demonstrava a sua glória, porque vivíamos fielmente como irmãos e irmãs nele. Mais textos das Escrituras pareciam se encaixar e eu comecei a me regozijar na rica doutrina da comunhão dos santos — essas pessoas eram realmente meus irmãos mais velhos no Senhor!

Até este ponto, os crucifixos sempre me incomodaram. Contudo, nos períodos que fiquei em camas de hospital (tive três internações por causa de um único aborto espontâneo), olhei para o crucifixo e rezei: "Jesus, o próprio fato de que o Senhor esteve naquela Cruz dá sentido ao meu sofrimento, porque posso oferecê-lo ao Senhor, mesmo sabendo que o sofrimento pelo qual passei não se compara em nada ao sofrimento que o Senhor passou". O sofrimento de Jesus colocou o meu sofrimento em perspectiva. Eu estava muito grata por isso. Essas hospitalizações foram instrumentos de Deus para me aproximar dele como nunca antes.

Na próxima vez que fomos à missa em família, tive uma forte sensação de que toda a nossa família estava unida. As Escrituras ensinam que os que estão no céu participam da mesma liturgia que os que estão na Terra. Portanto, na presença do Senhor, nossa família era uma só.

Falei com minha irmã mais nova, que tinha tido cinco abortos espontâneos, sobre como ela tinha enfrentado a dor do aborto espontâneo vezes seguidas. Kari descreveu aqueles filhos preciosos, que ela e o marido perderam, como um tesouro armazenado no céu. Percebi que, como ela, Scott e eu tínhamos tesouros no céu, com essas duas almas preciosas. O Senhor estava nos permitindo ter guerreiros de oração especiais para a nossa família.

Então nossa filha Hannah (de um ano e meio) foi para o hospital, na Páscoa, com desidratação. Uma coisa era eu estar no hospital com meu próprio sofrimento, outra era estar ao lado da cama da minha filha, vendo o sofrimento dela dia e noite. No momento em que foi hospitalizada, a febre estava muito alta. No quinto dia, atingiu 40,6°C.

As enfermeiras entraram correndo e começaram a colocar panos gelados em seu corpo para diminuir a febre rapidamente. Eu estava dormindo no quarto dela e pulei para ajudar. Felizmente, como não era enfermeira, não tinha idéia da gravidade da situação.

Assim que seu corpinho quente esquentava a toalha, nós a retirávamos e colocávamos outra fria. Era imperativo baixar a febre. Hannah estava deitada lá com um braço preso a um cateter intravenoso e o outro esticado em minha direção, tanto quanto ela podia alcançar. Seu corpo inteiro tremia muito e ela gritava: — Mamãe, mamãe!

Hannah não conseguia entender o que eu estava fazendo. Eu devia protegê-la do sofrimento, mas aqui estava eu, ajudando a colocar os panos que estavam causando muita dor e desconforto. Eu não conseguia explicar a ela, mas sabia que estava fazendo a coisa mais amorosa por ela.

Em meio a tudo isso, senti o Senhor colocar sua mão em meu ombro e dizer: "Kimberly, você vê que boa mãe você é? Você ama a sua filha, por isso está causando dor para curá-la. Você vê o quanto amei você, minha filha? Causei dor para curar você, para trazê-la para mim". Embora as enfermeiras se concentrassem em ajudar Hannah, havia uma cura mais profunda acontecendo dentro de mim, naquele momento, e eu chorei por nós duas.

Neste ponto da minha vida, percebi que podia estar enfrentando uma nova dor: se eu decidisse não ser mais a única protestante em minha família mais próxima, haveria uma nova separação por ser a única católica em minha família mais ampla. Como eu poderia ficar separada da família na qual fui criada e com quem compartilhei vínculos espirituais tão profundos? Como é que essas mesmas pessoas que me trouxeram à mesa do Senhor não poderiam mais tomar parte nela comigo? Essas foram novas perguntas e tristezas.

As conversas com meus pais e irmãos sobre passagens das Escrituras ficaram mais difíceis — as mesmas Escrituras que meus pais me ensinaram a conhecer e amar. Também era muito difícil para meus irmãos ver a dor que eu estava causando aos nossos pais. E eu sei que meus pais revelaram relativamente pouco dessa dor aos meus irmãos, a fim de manter meu relacionamento com eles intacto. (Eles são almas nobres, que suportaram grande parte de sua agonia juntos, diante do Senhor).

Naquela época, escrevi: "O esplendor da fé de mamãe e papai e a disposição deles de mudar, à medida que crescem juntos, são um testemunho claro para eu seguir Cristo em sua palavra, para o lugar aonde tenho certeza de que ele está me conduzindo. Não posso poupá-los do desgosto que têm e terão enquanto sigo este caminho. Não busquei este caminho, mas Deus em sua graça e misericórdia me colocou nele".

Na época, em Chicago, Scott e eu descobrimos um grupo especial chamado Society of Saint James (Sociedade de São Tiago). Fizemos vários novos amigos, que eram pessoas com pensamentos semelhantes (diferentemente dos nossos amigos protestantes, que não queriam ouvir nada, ou dos nossos amigos católicos, que não conseguiam imaginar o que estava me impedindo de me comprometer com a Igreja Católica). Eram pessoas em peregrinação, em transição, fazendo muitas das perguntas que eu fazia. Foi uma alegria encontrar pessoas que valorizavam os esforços angustiantes que estávamos fazendo para alcançar a unidade espiritual e que exultavam com as minhas descobertas.

No ano seguinte, fiz o curso do Ritual de Iniciação à Vida Cristã de Adultos (RCIA),[3] na Igreja de Saint Patrick, para examinar temas de forma mais convencional. Muito da fé católica fazia sentido, mas muito ainda não estava claro. Isso me lembrou de nossas primeiras semanas em Joliet: Scott já estava ocupado dando aulas no College of Saint Francis e eu cuidava, em tempo integral, da nossa filha recém-nascida e dos nossos filhos de três e quatro anos. Não sobrava muito tempo para desempacotar caixas. Quando ficava desanimada com o lento progresso da arrumação da mudança, entrava em nossa adorável sala de jantar, protegia os olhos para não ver as caixas e simplesmente apreciava a beleza da sala. Eu conseguia acreditar novamente que, em breve, a vida voltaria ao normal. Poderia ser assim na Igreja Católica? Poderia, se eu pelo menos soubesse o que havia nas caixas. Em outras palavras, a beleza da Igreja tocava o meu coração, mas ainda havia muitas incógnitas para agir como se tudo tivesse sido desempacotado.

Uma das aulas lançou alguma luz sobre um tema incômodo: imagens e gravuras de Jesus, Maria e dos santos. Perguntei: — Por que são permitidos e até estimulados se um dos dez mandamentos condena a confecção de imagens e o prostrar-se diante delas?

O Padre Memenas respondeu com uma pergunta.
— Kimberly, você tem um lugar na sua casa para as fotos de família?

---

[3] RCIA: "Rite of Christian Initiation of Adults" — NE.

— Sim.

— Por quê? O que elas fazem por você?

— As fotos me recordam das pessoas maravilhosas que eu amo — nossos pais, irmãos, filhos...

— Kimberly, você ama as fotos ou as pessoas que elas representam?

— Claro que a segunda opção.

— Isto é o que as pinturas e imagens fazem — elas nos recordam desses irmãos e irmãs maravilhosos que nos precederam. Nós os amamos e agradecemos a Deus por eles.

— A questão importante não é se essas imagens deveriam ou não existir, porque o Antigo Testamento registra, logo após os dez mandamentos serem listados, instruções específicas para imagens que deveriam ser feitas como parte do Santo dos santos — figuras botânicas e querubins sobre o assento da misericórdia, por exemplo. Deus até mesmo ordenou a Moisés que fizesse uma serpente de bronze sobre uma haste, para a qual o povo deveria olhar a fim de ser curado de uma praga. Ou Deus misturou seus mandamentos, ou o objetivo da ordem é não adorar imagens (como os judeus fizeram no Monte Sinai com o bezerro de ouro) em vez de não tê-las.

Essa discussão e outras me deram muito o que pensar. Um dilema surgiu: agora que estava sendo levada para a Igreja, o que fazer com todos os sentimentos de raiva e tristeza que eu havia nutrido em relação a ela? Em alguns momentos, eu havia detestado a Igreja, culpando-a pela desunião em meu casamento, odiando-a pela ruptura de uma vida familiar feliz, criticando-a pela falta de alegria em meu próprio relacionamento com Deus por causa da intromissão dela em minha vida. Eu tinha sofrido pela perda de sonhos. No entanto, agora, meu "inimigo" estava se tornando meu amigo, ou assim parecia.

Quando levei isso em oração ao Senhor, realmente senti Deus me dizendo: "Você tem que me ver por trás disso. Você culpou Scott e culpou a Igreja Católica. Mas precisa entender que sou Eu quem está por trás de tudo. Posso extinguir a sua raiva".

Senti-me como uma criancinha quando fui dormir naquela noite, porque tinha deixado Deus cuidar da situação. Senti-me como uma criança sentada no colo do pai, batendo em seu peito e chorando até adormecer exausta. Não avancei além disso.

Pela manhã, recebi um telefonema de um amigo, Bill Steltemeier, do canal EWTN. — Kimberly? — ele perguntou.

Atendi: — Alô!

— Eu estava fazendo minhas devoções esta manhã e o Senhor me pediu para ligar para você e dizer: "Kimberly, Eu a amo". Isso é tudo.

Não relacionei o fato com a noite anterior, até que a minha mãe disse a mesma coisa mais tarde, naquele mesmo dia — e minha mãe geralmente não diz tais coisas, a não ser que o Senhor as coloque especificamente em seu coração para mim. De repente, percebi que o que ele estava dizendo era: "Kimberly, retirei aquela raiva. Eu a absorvi. Ainda amo você. Veja, estou aqui para você, atrás de você e guiando você". Experimentei uma profunda sensação de paz.

Além de fazer o RCIA, também ajudei nas aulas de catequese de Michael, tanto para descobrir o que aqueles católicos iriam ensinar a ele, quanto para prestar serviço à paróquia. Em todas as aulas, passávamos pelo Pai-Nosso, pelo Glória ao Pai e pela Ave-Maria. Eu rezava o Pai-Nosso e o Glória ao Pai, mas não a Ave-Maria. Eu a aprendi, mas não a rezava.

Quando chegamos à primeira confissão, eu já acreditava que ela era um sacramento. Fiquei particularmente feliz por uma garotinha. Se alguém precisava da primeira confissão era ela. Depois de ser atendida pelo sacerdote, ela parecia prestes a chorar.

— Alguma coisa errada? — perguntei.

— O padre me disse para rezar a Ave-Maria — ela me respondeu.

— Bem, então vá em frente e reze — respondi.

— Eu não me lembro.

Agora eu estava diante de outro dilema. Eu ainda não rezava a Ave-Maria porque não tinha certeza de que, com isso, não ofenderia a Deus; mas eu sabia que ela precisava cumprir sua penitência para que o sacramento fosse válido.[4] Engoli em seco e disse: — Repita comigo: Ave-Maria.

— Ave-Maria.

— Cheia de graça...

Fomos até o fim da oração. Quando terminamos, ela olhou para mim com seus olhos grandes e disse:

---

[4] A penitência, embora seja parte importantíssima da confissão, não é parte essencial, e seu não cumprimento, desde que não seja deliberado, não invalida o sacramento. Em casos ordinários de penitências simples, em que ela não tem o objetivo de reparar os danos de um pecado específico (por exemplo, a devolução de um objeto roubado), a negligência é pecado venial. Neste caso relatado no livro, o sacramento não seria inválido se ela tivesse a intenção de cumprir a penitência — NE.

— Duas vezes.

Eu sabia que ela realmente precisava daquele sacramento! Então, dei outro suspiro profundo e comecei a dizer novamente. Muitas pessoas não se lembram de quando rezaram pela primeira vez a Ave-Maria, mas tenho uma memória bastante viva da ocasião!

Dave, um amigo de Milwaukee, ligou certa noite para ver se poderia falar comigo sobre o que ainda impedia minha ida para a Igreja. Eu respondi que a questão ainda era se Maria era ou não a minha mãe espiritual. Ele disse: — O que acha de Ap 12?

— Não sei. Acho que nunca li sobre isso. Deixe-me pegar a Bíblia.

Quando voltei ao telefone com minha Bíblia, Dave explicou: — O capítulo é sobre quatro personagens principais que estão em batalha. Mesmo que sejam simbólicos para outros grupos de pessoas, também são pessoas específicas. A mulher com o filho varão é Maria com Jesus.

— Veja o versículo 17: "Este (o dragão), então, se irritou contra a Mulher e foi fazer guerra ao resto de sua descendência, aos que guardam os mandamentos de Deus e têm o testemunho de Jesus".

Fiquei chocada. Como pude perder essa passagem em meu estudo sobre Maria? Tive que admitir: — Imagino que isto significa que, se dou testemunho de Jesus e guardo seus mandamentos, espiritualmente ela é minha mãe. Quem diria! Maria é uma virgem guerreira que luta através de sua maternidade. — Isso eu podia compreender.

Esta passagem ajudou a esclarecer a questão porque, ao pé da Cruz, quando ela estava em agonia absoluta,

Jo 19, 26–27 registra: "Quando Jesus viu sua mãe e perto dela o discípulo que amava, disse à sua mãe: 'Mulher, eis aí teu filho!'. Depois disse ao discípulo: 'Eis aí tua mãe!'. E dessa hora em diante o discípulo a levou para a sua casa". Tendo esta passagem como base, a Igreja Católica ensinou que a dádiva de Jesus, ao ofertar Maria ao seu "discípulo amado", foi o prenúncio de sua dádiva também a cada um de seus discípulos amados.

Eu era uma discípula amada. Eu, assim como João, também precisava recebê-la em minha casa como minha mãe?

Em lugar de ver Maria como um tremendo obstáculo para mim, eu estava começando a vê-la como um presente precioso do Senhor — alguém que me amava, cuidava de mim e rezava por mim com um coração materno. Ela não era mais apenas uma doutrina a ser entendida; ela era uma pessoa para acolher de todo coração!

Ainda estava indecisa sobre me tornar católica naquela Páscoa. Na Quarta-feira de Cinzas, deixei nossos filhos na casa de minha irmã para poder procurar um alojamento para nós em Steubenville. (Scott tinha acabado de receber o contrato da Franciscan University of Steubenville). Como era Quarta-feira de Cinzas, eu estava perguntando a Deus do que deveria abrir mão na Quaresma: chocolate, sobremesas... grandes sacrifícios para mim.

E realmente senti o Senhor dizer: "Kimberly, por que você não desiste?".

O quê? Desistir do quê?

Ele disse: "Por que não desiste de você mesma?

Você sabe o suficiente para confiar em mim e em meu trabalho na Igreja. A atitude do seu coração mudou de 'eu não acredito nisso — prove!' para 'Senhor, eu não entendo. Ensina-me'. Por que você não vem para a mesa? Por que não desiste de você nesta Quaresma?".

Eu realmente senti que era o Senhor quem me chamava para a Igreja Católica. Passei as quatro horas seguintes rezando e louvando-o, sentindo uma profunda paz de que esse era o caminho. Scott teria uma surpresa!

Na noite seguinte, depois de ouvir as descrições das casas que eu tinha visto, ele disse: — A propósito, estou nessa conferência sobre apologética aqui na Califórnia e todos estão perguntando qual sua posição em relação à Igreja. — Ele estava se esforçando para fazer isso soar casual. Ele aprendera a diferença entre sua partilha e a convicção do Espírito Santo. — Não estou pressionando você de forma nenhuma. Se não for nesta Páscoa, não há problema. Mas você tem alguma idéia de onde está no processo?

Eu mal podia esperar para contar a ele. — Será nesta Páscoa, Scott. O Senhor falou ao meu coração e disse que será nesta Páscoa. Scott? Scott, você está aí?

Ele levou um minuto para recuperar a serenidade. — Louvado seja o Senhor! — Pela primeira vez, Scott podia sonhar com o que seria possível se fôssemos uma família católica unida. Foi tanta alegria! Tanta liberdade!

Já era tempo. Tempo de nos reunirmos sob a liderança espiritual de Scott. Tempo de termos uma visão comum dentro da Igreja para o trabalho pastoral que poderíamos desenvolver como casal. Tempo de decidir que as respostas que não obtive, eu as poderia encontrar na Igreja que o próprio Jesus fundou e preservou do erro. Tempo de parar de lutar e ser agradecida a Deus pelo que ele me revelara.

Embora acreditasse na transubstanciação há mais de um ano, eu não tinha ansiado por recebê-la. Mas, agora, uma fome pela eucaristia tornava-se o último pensamento do dia e o primeiro pensamento da manhã. Eu havia recebido Jesus como Salvador e Senhor pela fé, quando era adolescente, mas agora ansiava por receber seu corpo e sangue. Pois Jesus não só se humilhou em nosso favor ao assumir a carne humana para ser nosso sacrifício perfeito, mas também nos ofereceu essa mesma carne como vida e alimento de nossas almas! Tudo isso para que pudéssemos tê-lo dentro de nós — não apenas em nossos corações, mas também em nossos corpos físicos, tornando-nos tabernáculos vivos. Senti que meu coração ia explodir de tanta alegria!

Compartilhar a novidade não foi fácil. Houve pessoas que se alegraram tanto que foi muito tocante, para dizer o mínimo. ("Você não sabe quantos rosários eu rezei para você se converter!"). Houve amigos protestantes incrédulos que, após quatro anos, eu tivesse me rendido. ("Que tragédia!"). Em minha família, houve muita tristeza. Eles não me rejeitaram por causa da minha decisão, mas seus corações doeram por amor a mim e pela preocupação com as ramificações que essa decisão poderia ter em toda a nossa família.

Quando liguei para meus pais para avisá-los de que havia decidido ingressar na Igreja Católica naquela Páscoa, papai não me desencorajou nem me encorajou. Ele apenas me perguntou: — Kimberly, Jesus é aquele a quem você deve prestar contas. Quando você coloca Jesus na sua frente, o que você pode dizer a ele em sã consciência?

E eu respondi: — Papai, eu diria de todo coração: Jesus, eu vos amei com grande sacrifício e fui obediente a tudo o que entendi, seguindo-vos diretamente para a Igreja Católica.

— Kimberly, se é o que você diria, então é o que deve fazer.

As semanas da Quaresma foram repletas de graças especiais para Scott e para mim. Minhas preocupações sobre a confissão se dissolveram — eu mal podia esperar para chegar lá.

Um dia, umas duas semanas antes da Páscoa, Scott disse: — Por que você não reza o rosário?

Do meu jeito geralmente dócil, eu disse: — Estou me tornando católica, querido. Não force a barra.

Ele respondeu: — Bem, foi só uma sugestão.

Na semana seguinte, Scott estava visitando a EWTN quando Bill Steltemeier disse: — Por falar nisso, o Espírito Santo me disse que devo enviar meu rosário para a sua esposa.

Pensando em nossa conversa recente, Scott disse: — Não sei se deveria fazer isso.

Bill não desanimou. — O Santo Padre me deu este rosário e eu nunca pensei que me separaria dele. Mas o Espírito Santo me disse para entregá-lo à Kimberly, então vou enviá-lo para sua esposa.

Scott me contou essa história e me deu um livro sobre o rosário nas Escrituras, deixando tudo em minhas mãos. Quando o rosário chegou, olhei para ele e pensei... "Que tesouro para quem é católico. Não posso simplesmente deixá-lo na gaveta. Ainda assim, ouso usá-lo?".

Preocupava-me que o rosário fosse um exemplo da mera repetição claramente condenada por Jesus. No entanto, uma obra de introdução ao rosário, escrita por uma freira, me ajudou a ter uma nova perspectiva. Ela exortava os crentes a se verem não como cristãos crescidos e adultos, mas como criancinhas diante do Senhor. Como exemplo, ela lembrou ao leitor que, quando nossos próprios filhos pequenos dizem "Eu te amo, mamãe" várias vezes ao dia, nunca nos voltamos para eles dizendo: "Queridos, isso é apenas vã repetição!". Da mesma forma, nós, como crianças, dizíamos a Maria por meio do rosário: "Eu te amo, mamãe, ore por mim". Embora repetitivo, ele só seria vão se disséssemos as palavras sem lhes dar sentido.

Nos primeiros três dias, rezei uma dezena do rosário, dizendo: "Senhor, espero que isto não o ofenda". Depois de alguns dias, realmente senti que o Senhor estava dando sua aprovação e me evangelizando por meio do rosário. Tornou-se uma parte regular da minha vida. Decidi contar a Scott que estava rezando o rosário. Esta foi apenas uma de uma série de vezes que, entre lágrimas e abraços, humildemente admiti a Scott que ele estava certo em tantas coisas. Transcrevo aqui o que registrei em meu diário de oração:

> Parti meu coração frio no degelo primaveril do vosso Espírito. Quero sair do caminho e deixar-vos trabalhar em mim. Por favor, perdoai-me pelos anos que rejeitei a liderança espiritual de Scott e, por favor, substituí o meu coração de pedra por um coração de carne — vossa carne eucarística. Obrigada pela oportunidade de ter

meus terríveis pecados removidos por vossas graças poderosas no sacramento da confissão e na penitência, permitindo-me participar na reparação do dano que fiz ao corpo de Cristo.

Muito me agradam o Noivo e o seu Pai, e estou antecipando a festa de casamento que está por vir; mas Jesus quer que eu também conheça a sua Noiva, a Igreja, e conheça mais plenamente com quem irei celebrar. Que noivo desejaria que eu simplesmente fosse ao banquete e ficasse só olhando para ele? Ele quer que eu conheça a sua Noiva e a estime também. Até este momento, para mim, a Igreja tem sido uma abstração meramente espiritual e não tangível. Mas agora, ela está se tornando mais do que sermões edificantes e missões desafiadoras; está se tornando pessoal. Para além de uma coleção de doutrinas mais verdadeiras e mais ricas do que as que tive antes, a Igreja está se tornando uma entidade viva, palpitante, repleta de pessoas falhas que, como eu, estão doentes e necessitadas de um médico, mas sempre cobertas com a magnífica glória de Deus.

Eu estava pronta a desistir de mim na Quaresma e, no entanto, como sempre é verdade com Deus, do que abri mão a não ser daquilo a que não queria me apegar? Vosso amor abriu meus caminhos, ó Senhor. Sim, Scott estava certo. Por que estáveis fazendo isso comigo? Para demonstrar o vosso amor por mim.

Lembro-me do dia, em Grove City, em que comecei a sentir que não sabia quem éreis vós: o Deus dos protestantes ou dos católicos. Estáveis apenas torcendo por Scott e zangado comigo?, me perguntei. Mas não cederia. Eu não lia, nem estudava, nem mesmo orava — era muito doloroso. Eu não queria morrer — para os sonhos, as perspectivas, meu mestrado, minha compreensão da verdade. Eu tinha tudo planejado. Redefinir condições teológicas, ou arriscar perder amizades, ou magoar minha família — simplesmente não poderia acontecer. Era um pesadelo do qual, certamente, eu iria acordar.

Mas agora, Senhor, posso sentir todo o vosso amor por mim. Não me amais só agora que cheguei a essa verdade. Vós me amastes a cada passo do caminho —

por quem eu era, e não apenas pelo que eu me tornaria.

Por favor, ensinai-me tudo de novo. Quero ser maleável. Fui derrotada. Despejai o óleo da vossa alegria para unir os pedaços do barro quebrado, para que possam ser moldados. Meu coração canta novamente a bondade do Senhor.

As cruzes que me destes, por intermédio de Scott e de mim mesma nestes últimos sete anos, são dons. O sofrimento está cumprindo o seu propósito.

Durante um momento de oração, na semana anterior à Páscoa, fiquei surpresa com o quanto o ostensório parecia simbolizar a Igreja Católica. Como muitos protestantes, eu me preocupava que Maria, os santos e os sacramentos fossem barreiras entre os crentes e Deus, de modo que, para chegar a Deus, seria necessário contorná-los. Eles pareciam complicar desnecessariamente a vida com Deus — como sedimentos incrustados nas laterais de um tesouro afundado, eles tinham que ser retirados para se chegar ao que era importante.

Mas agora eu podia ver que o oposto era verdadeiro. O catolicismo não era uma religião distante, mas orientada para a presença. Os católicos eram aqueles que tinham Jesus fisicamente presente nas Igrejas e se viam como tabernáculos vivos, depois de receber a eucaristia. E como Jesus é a eucaristia, mantê-lo no centro permite que todas as ricas doutrinas da Igreja emanem dele, assim como os belos raios de ouro que fluem da hóstia no ostensório.

Minha vigília pascal envolveu uma mistura de alegria e tristeza, semelhante à de Scott. Meus pais decidiram ir à missa, pois, como eu estava tomando uma decisão importante e transformadora, eles acreditavam que precisavam ser testemunhas. Fiquei feliz por terem vindo, porque achava que devia sentir a dor deles pela separação que eu estava causando enquanto vivia a alegria de ser recebida na Igreja.

Eles vieram por amor, para estar conosco. Saímos para jantar na noite anterior e tive a maravilhosa oportunidade de compartilhar, de coração, o porquê de eu me tornar católica. Queria que eles soubessem que essa decisão era minha e que tinha sido tomada somente através de muita oração e estudo. Na verdade, eu disse que, se Scott morresse na segunda-feira após a Páscoa, eu não consideraria namorar um protestante novamente, pois minha fé tinha sido obtida a um preço muito alto.

Também queria dizer a eles que eu não era a causa principal de sua dor, mas que o Senhor era o responsável por tudo. Para mim, tinha sido muito mais fácil culpar Scott por me causar dor, ou a Igreja Católica por se intrometer em minha vida, do que ver a mão do Senhor agindo. Mas agora eu podia ver que Deus, em sua misericórdia, estava se intrometendo em minha vida porque me amava muito.

Na manhã da vigília pascal, Barb, uma amiga querida, trouxe três lírios da Páscoa, de um grupo do qual nossa família tornara-se parte. Esse grupo, Famílias e Amigos Católicos, estava planejando fazer uma festa especial naquela noite para celebrar conosco. Eles queriam que a casa ficasse o dia todo preenchida com o aroma da alegria. Em seguida, meus padrinhos Dr. e Sra. Al Szews vieram de Milwaukee com presentes especiais. Em preparação para a celebração litúrgica, meus pais rezaram comigo em casa e depois meus padrinhos rezaram comigo na igreja.

Após a primeira confissão, rezei sozinha para preparar o meu coração para a missa da vigília. Rabisquei uma nota para Scott: "Querido Scott, sou muito grata por você e por ter aberto este caminho para nós. Eu te amo. K.". Eu não sabia como expressar a enorme gratidão que sentia em meu coração pela fidelidade de Scott a Deus.

No banco atrás de mim estava Scott, que chorou de alegria ao me ver entrar na plenitude da fé e receber, junto com ele, o Senhor na eucaristia; estavam também meus pais, que choraram de tristeza ao me ver entrar para uma Igreja que nunca teriam escolhido para mim, e que agora nos separava na mesa do Senhor. Pensei que dificilmente poderia suportar a alegria ou a dor ao dar o sinal da paz.

Logo após o serviço, a celebração começou. Meus pais foram embora depois de uma breve permanência. A alegria expressa por mim foi avassaladora. No Domingo de Páscoa, após a gloriosa missa matinal, nossa família foi para Milwaukee, onde comemoramos a nossa transformação em família católica com amigos queridos, na casa dos Wolfe (padrinhos de Scott). Que alegria indescritível! Havia chegado o "verão" em minha caminhada espiritual.

Vigília de Páscoa de 1990. A noite em que Kimberly foi recebida na Igreja. Aqui, com Scott e Pe. Memenas, Igreja de Saint Patrick, Joliet, Illinois.

CAPÍTULO 9

A vida de família católica

Scott: Quando protestantes evangélicos se convertem à Igreja Católica, com freqüência, entram em uma espécie de "choque cultural eclesiástico". Deixam para trás o canto congregacional vigoroso, a pregação bíblica prática, o discurso político conservador pró-família no púlpito e o senso vital de comunidade, com vários encontros de oração, ministérios e estudos bíblicos semanais. Em contraste, a paróquia católica de médio porte geralmente tem deficiências nessas áreas. Ao mesmo tempo que esses convertidos sentem que "vieram para casa" ao se tornarem católicos, nem sempre se sentem "em casa" em suas novas famílias paroquiais. Kimberly e eu vivenciamos isso.

Lugares como a Franciscan University of Steubenville provam que não precisa ser assim. Do nosso tempo em Steubenville, o que mais nos impressionou foi precisamente o modo como ela harmonizava o evangélico e o católico. Estou falando da maneira como a fé católica une o que outras religiões tendem a separar: piedade pessoal e rito litúrgico; evangelização e ação social; fervor espiritual e rigor intelectual; liberdade acadêmica e ortodoxia dinâmica; adoração apaixonada e contemplação reverente; pregação arrebatadora e devoção sacramental; as Escrituras e a Tradição; corpo e alma; o individual e o coletivo.

Desde a conversão de Kimberly, agora compartilhamos tudo isso como família. Esforçamo-nos para assistir à missa diária como família, na universidade. Com a eucaristia no centro de nossas vidas, podemos mostrar aos nossos filhos como a Bíblia e a liturgia andam juntas, o cardápio e a refeição. Nossos filhos vêem dezenas de padres e centenas de estudantes que estão vivendo o Evangelho na prática.

Ensinar esses alunos provou ser uma das experiências mais gratificantes da minha vida. Eles têm paixão por estudar as Escrituras, aprender teologia e fazer centenas de perguntas desafiadoras. (Carinhosamente, me refiro aos estudantes como meus "santos sugadores de cérebro"). Quando a aula termina, eles procuram aplicar as lições que aprenderam, no trabalho e nos relacionamentos. Estou convencido de que Deus está suscitando muitos futuros líderes da Igreja Católica aqui na universidade.

Além do meu trabalho na universidade, o Senhor deu a Kimberly e a mim inúmeras oportunidades de palestrar em todo o país. Com várias centenas de minhas palestras gravadas em áudio e vídeo, a mensagem está indo muito além do nosso alcance limitado de viagens. Essas gravações agora estão circulando em vários países. Diversas pessoas escreveram e telefonaram do Canadá, México, Inglaterra, Escócia, Holanda, Polônia, Lituânia, Bélgica, Áustria, Austrália, Nova Zelândia, Gana, Japão, Indonésia, Filipinas e de outros lugares; e pensar que temíamos não conseguir mais pregar juntos!

Tudo isso foi possível graças à nossa parceria com Terry Barber e a Saint Joseph Communications. No prazo de um ano, "a gravação" que registrava a palestra que fiz para apenas trinta e cinco pessoas em 1989, foi comprada por mais de 35 mil pessoas. Esse número subiu para centenas de milhares nos últimos anos. Além da gravação da minha história de conversão, Terry lançou mais de duzentas gravações minhas abordando uma grande variedade de assuntos e explicando vários aspectos da fé católica.

No final, meu pai estava certo — e ele nunca me deixou esquecer. Ele garantiu que eu soubesse o quanto estava orgulhoso de seu filho mais novo, o teólogo não-joalheiro.

Depois de uma longa enfermidade, ele faleceu em dezembro de 1991. Foi uma das experiências mais difíceis e, no entanto, mais abençoadas de minha vida. Por muitos anos, ele foi agnóstico; mas, pelo seu sofrimento, recuperou a fé pessoal em Cristo. Durante as últimas semanas de sua vida, conseguimos passar um tempo significativo juntos, orando, lendo as Escrituras e falando de sua vida e do Senhor. Jamais esquecerei o privilégio de segurar sua mão e fechar seus olhos, quando o Pai Celestial o chamou para si; e nunca vou parar de agradecer a Deus por me ter dado um pai terreno que tornou tão fácil amar meu Pai Celestial.

Uma semana depois, meu sogro, Dr. Jerry Kirk, ligou me convidando para acompanhá-lo a Roma, no mês seguinte, para um encontro com o Papa João Paulo II. Imagine só que graça de Deus!

Como fundador da R.A.A.P. (Religious Alliance Against Pornography — Aliança Religiosa Contra a

Pornografia), Jerry foi convidado por membros da hierarquia romana para conduzir uma sessão de três dias no Vaticano, com cerca de uma dúzia dos maiores líderes religiosos da América. O Cardeal Bernardin organizou os encontros, a fim de coordenar estratégias com as autoridades do Vaticano, no sentido de combater a pornografia pesada em todo o mundo. Ao final de nossas deliberações, deveríamos ter uma audiência privada com o Santo Padre para apresentar nossas conclusões e discuti-las com ele mais detidamente.

E assim fui a Roma pela primeira vez. No intervalo entre as reuniões, pude visitar a Basílica de São Pedro e alguns outros locais sagrados — não como turista, mas como peregrino. Foi arrebatador.

No final dos três dias, em uma tarde de quinta-feira, fomos conduzidos por um labirinto de corredores e levados a uma sala de reuniões. Enquanto aguardávamos a chegada do Papa, rezei intensamente. Depois que ele entrou na sala, tudo pareceu passar rápido como um *flash*.

Findas as formalidades, Jerry teve o privilégio de apresentar cada um de nós ao Papa. Quando chegou a minha vez, ouvi meu sogro dizer ao meu pai espiritual:

— Santidade, gostaria de lhe apresentar Scott Hahn, professor da Franciscan University of Steubenville.

Apertei sua mão e... pronto — lá veio o próximo líder religioso da fila. Depois disso, fiquei ali exultante e agradecendo a Deus pelo privilégio de encontrar meu pai espiritual em Cristo, mesmo que fosse por apenas alguns segundos. Mais do que isso, apertei a mão do Vigário de Cristo, sucessor de Pedro — emoção nada pequena para este ex-anticatólico.

Uma hora depois, os líderes se reagruparam no salão do Vaticano, onde havíamos nos reunido a semana toda. Quando entrei, ouvi muitas gargalhadas vindas do lugar em que estava a minha sogra, a qual, parada perto de uma mesa, olhava uma fotografia. Fui verificar o que acontecia. Parei ao lado dela, olhei para baixo e vi uma foto do seu marido apresentando seu genro ao Papa. — Acredita nisso?! Depois de todos esses anos, seu sogro apresenta você ao Papa. — Enquanto ela ria calorosamente, me abraçou com grande afeto. Que sogra maravilhosa!

Poucos minutos depois, o telefone tocou em um escritório no fim do corredor. Um homem idoso entrou na sala de reuniões e perguntou: — O professor Scott Hahn está aqui?

Acenei para me identificar.

— Um telefonema para você.

Enquanto caminhava pelo corredor, me indaguei: "Quem seria?". Peguei o telefone e ouvi uma voz com sotaque forte.

— Você poderia se encontrar com Sua Santidade, o Papa João Paulo II, amanhã às sete horas da manhã, para a missa em sua capela particular?

A princípio pensei que fosse uma brincadeira. Então me lembrei de um encontro, no início daquela semana, com o professor Rocco Buttiglione, que se ofereceu para usar sua influência com o secretário particular do Papa para me levar à missa matinal do Papa.

— Sim, posso sim. — Mas eu estava tão nervoso que esqueci de perguntar os detalhes.

Felizmente, o Cardeal Cassidy, um dos funcionários do Vaticano na sala de reuniões, explicou o procedimento. Eu deveria estar em um determinado portão às 6h30 da manhã, onde um guarda suíço iria me encontrar.

Na manhã seguinte, levantei-me da cama após uma luta inútil para dormir e peguei um táxi para a Basílica de São Pedro. Cheguei lá com mais de uma hora de antecedência. Caminhando pela praça de São Pedro, rezei um rosário e me preparei para o privilégio de uma vida inteira.

Eficientemente, na hora marcada, alguém veio ao meu encontro. Ele me conduziu por algumas escadas e por uma série de corredores até ficarmos em meio a vários bispos e padres que se paramentavam, a fim de concelebrar a missa com o Papa.

Fiquei ali, nervoso, até que, repentinamente, o secretário pessoal do Papa apareceu à porta e olhou ao redor da sala. Finalmente, ele falou: — *Ondi istá il professore di teolodgía de Stiubenvile Iunivérsitti*?

Por causa de seu forte sotaque, eu mal consegui entender a pergunta. Finalmente, percebi que indagava por mim.

Acenei timidamente e respondi: — Aqui estou.

Ele olhou e acenou com a cabeça: — *Buon*, direi a ele.

Não tinha idéia do que se tratava, mas me diverti com todos aqueles prelados estrangeiros olhando na minha direção e pensando: "Quem é esse e qual sua importância?".

Momentos depois, fomos conduzidos pelo corredor até uma pequena capela particular. Ao entrar, percebi que o Papa João Paulo II estava ajoelhado, rezando diante do tabernáculo. Ao me ajoelhar a alguns passos de distância, pedi ao Senhor uma graça especial de unir o meu coração ao do meu pai espiritual, enquanto ele renovava a aliança e celebrava o sacrifício de Cristo na missa.

Quanta reverência e amor foram demonstrados pelo Papa em todos os momentos da liturgia eucarística! Lembro-me de como nunca antes havia sentido tão vividamente a realidade da presença de Cristo.

Terminada a missa, as pessoas foram conduzidas para fora da capela, enquanto o Santo Padre permanecia ajoelhado em ação de graças. Fui o último a sair. Não pude resistir à tentação. Parei e me ajoelhei alguns passos atrás dele e rezei — ali, sozinho com o Papa, por talvez meio minuto — até que ouvi passos correndo pelo corredor até a capela. Como eu suspeitava, eles fizeram uma contagem e descobriram que alguém estava faltando. Levantei-me para sair no momento em que o secretário pessoal do Papa entrava novamente na capela. Ele me guiou, com firmeza, mas gentilmente, de volta à sala onde o Papa se encontraria conosco em alguns minutos.

Enquanto esperava, rezei e depois ensaiei o que iria fazer, quando repentinamente o Papa entrou na sala. O que me impressionou quase que imediatamente foi como ele parecia muito mais alerta e enérgico agora, logo após a missa, em comparação com a expressão de cansaço que vira em seu rosto no dia anterior, durante nossa audiência privada com ele, à tarde.

Ele parecia intensamente interessado em cada um com quem falava enquanto caminhava. Parecia tratar cada pessoa como se fosse a única na sala. Olhava bem nos olhos e ouvia atentamente antes de falar. Aí chegou a minha vez.

Ele se aproximou para me cumprimentar e, quando estendi os braços, nos abraçamos. Então, entreguei a ele um conjunto lindamente embalado de minha série de gravações sobre "Respondendo a objeções comuns", juntamente com um envelope que continha uma carta pessoal e dois cheques como prova de amor e apreço das famílias Barber e Hahn.

Ele me olhou bem nos olhos e disse: — Deus o abençoe. Você é o professor de teologia da Steubenville University?

— Sim, eu sou.

— Por favor, envie minhas saudações e bênçãos para a comunidade de Steubenville.

— Santo Padre, meu pai natural morreu no mês passado e agora meu Pai Celestial me abençoou com o privilégio de conhecê-lo, meu pai espiritual. — Com isso, nos abraçamos pela segunda vez.

Ele olhou atentamente e disse: — Lamento saber que seu pai morreu. Deus o abençoe. Vou rezar por ele.

Meu coração saltou quando imediatamente me lembrei de certa linha das Escrituras: "Tudo o que uníreis sobre a terra será unido no céu...".

Expliquei brevemente, em cerca de um minuto, tudo sobre a minha peregrinação de fé como um pastor presbiteriano anticatólico que se tornara católico apenas seis anos antes.

Ele ouviu com atenção antes de me dar mais um aperto de mão, uma bênção e um rosário. Ao deixar a presença do Papa João Paulo II — o ungido pelo meu Pai Celestial e meu irmão mais velho a pastorear a família da aliança de Deus na Terra — tive a forte sensação de que Deus estava dizendo: "Scott, o melhor ainda está por vir".

Kimberly: Seis semanas depois que fui recebida na Igreja, nosso filho mais velho, Michael, fez sua primeira comunhão. Eu era católica há pouco tempo e sentia que meu coração ia explodir. Não conseguia imaginar como seria para aqueles pais que, como católicos de berço, sonhavam com o tempo em que se casariam, teriam um filho e o levariam à mesa do Senhor para a primeira comunhão. (Agora tivemos a oportunidade de trazer Gabriel para a primeira comunhão e esperamos ansiosamente este momento especial com Hannah).[1]

As preocupações em meu coração sempre foram estas: primeiro, eu esperava que a Festa do Cordeiro Pascal fosse mais importante do que a festa que viria depois; e segundo, esperava que o foco fosse a presença de Jesus na eucaristia e não os presentes que as crianças receberiam mais tarde.

Certa vez, na consagração da missa, Scott se inclinou para mim e disse: — Consegue imaginar o que os anjos devem pensar?

Sua pergunta me levou a refletir sobre realidades que eu não havia considerado antes. Certamente os anjos estão presentes na liturgia, mas eles não recebem o Senhor. Devem olhar com admiração e assombro para o incrível amor que nosso Pai Celestial teve por nós, enviando Jesus à Terra para assumir a humilde natureza humana, dar a vida em sacrifício por nós

---

[1] O livro foi inicialmente publicado no ano de 1993 — NE.

e, finalmente, nos alimentar com o ressurrecto e glorificado oferecimento de seu corpo e sangue. Que glorioso mistério!

Fazer jejum uma hora antes também tem sido uma boa experiência, porque é uma pequena mortificação (e há muito poucas delas em minha vida) para lembrar-me de ansiar pelas almas.

Nossa mudança para Steubenville foi uma grande bênção. Todos nós fizemos muitas amizades maravilhosas na universidade e na comunidade. Há mais de quarenta famílias em nosso Grupo Coração de Maria de Apoio ao Homeschooling. E os estudantes universitários têm sido para nossos filhos um grande exemplo do nosso compromisso com o Senhor.

Quão diferente é a nossa vida? Meu coração está repleto da bondade do Senhor e pleno da alegria da minha salvação que, durante cinco anos, eu quis sentir, mas não conseguia. Acho que posso resumir tudo em três frases: unidade restaurada, fé e serviço pastoral renovados e família revigorada.

Nossa unidade foi restaurada. Mais uma vez, temos profundas convicções em comum — ainda mais profundas agora, depois de tudo o que passamos. Amo estar sob a direção espiritual de Scott novamente. Em vez de me irritar durante seus estudos bíblicos, eu realmente usufruo deles.

Vamos freqüentemente à mesa do Senhor na Franciscan University com um grupo comprometido de fiéis que amam o Senhor e desejam compartilhar fielmente o seu amor por Deus. As crianças haviam percebido nossa desunião, embora não falássemos muito sobre as nossas desavenças na frente delas. No entanto, mais do que terem sentido uma mera sensação de alívio, as crianças realmente compartilharam nossa alegria por estarmos unidos de novo tão profundamente.

Tivemos a fé e o serviço pastoral renovados. Certos sonhos morreram, mas Deus os restaurou de forma superabundante. Em nossa casa, tivemos grandes oportunidades de acolhimento, com mais de trezentas pessoas fazendo refeições em nossa casa anualmente. Além disso, poder hospedar vários estudantes universitários em nossa casa tem sido uma nova aventura para nós, na vida familiar ampliada. E nossa grande sala de estar acomoda multidões de vinte a cinqüenta pessoas tanto para os meus estudos bíblicos semanais quanto para os de Scott.

Scott e eu começamos a palestrar juntos, em turnês. Tivemos o privilégio de conhecer e compartilhar a fé católica com muitos católicos maravilhosos, comprometidos e em número crescente, por todo o nosso país. A pregação por meio de gravações da Saint Joseph Communications permitiu que nossas mensagens chegassem muito mais longe do que jamais poderíamos ter ido. E o serviço pastoral contínuo (por telefone e correspondência) tem sido um desafio ao nosso limite de tempo e energia! E pensar que todos esses são ministérios que considerei perdidos para sempre, apenas para vê-los restaurados no tempo do Senhor.

Nossa família está intensamente revigorada, pois há novos canais da graça abertos para nós: confissão regular e eucaristia quase diariamente. Gostamos de aprender sobre o calendário litúrgico, observando o jejum (Advento, Quaresma, sextas-feiras) e aproveitando a festa. (Além de aniversários e do Natal, celebramos nossos onomásticos e nossos aniversários de batismo).

Tive nosso primeiro filho como católica sabendo que, todos os dias, recebendo a eucaristia, meu bebê estava sendo alimentado e nutrido pelo próprio Senhor. Depois dos abortos espontâneos, eu realmente não tinha certeza de que poderia dar à luz esse bebê, mas sabia a cada dia que tinha a oportunidade de trazer esse bebezinho diante do Senhor e receber a bênção do sacerdote. Também recorri aos santos no céu, pela primeira vez, pedindo sua intercessão em favor de meu filho. Que alegria foi dar à luz Jeremiah Thomas Walker em 3 de julho de 1991 e batizá-lo no início de setembro. Foi uma grande alegria para nós e significou uma ponte para minha família, com meu pai participando do batismo de Jeremiah.

Não íamos à missa em família diariamente até eu ser recebida na Igreja; agora, este é o objetivo do nosso dia. Fomos abençoados por muitos sacerdotes que param em Steubenville e celebram a missa. Maravilhada com a quantidade de sacerdotes, a pergunta mais freqüente de Hannah se tornou: — Ele também é meu pai?

Valorizamos nossa tradição evangélica, em que as pessoas cantam e rezam de todo o coração. Por isso, uma das coisas que nossa família mais valoriza na Franciscan University é a forma como as pessoas louvam. Como Scott diz: — Se a eucaristia não nos faz ter vontade de cantar, o que o faria?

Embora nem sempre seja fácil, é sempre bom estarmos juntos na missa. É um bom momento para estarmos próximos fisicamente e ensinarmos as crianças sobre o Senhor. Mesmo que haja momentos em que a graça recebida na missa pareça diluir-se toda com as crianças antes mesmo do canto final (devido à indisciplina e distração), ainda assim tem sido melhor trazê-las à presença de Jesus do que privá-las disso. No final da missa, temos o que chamamos de nosso "santo grupo". Ficamos realmente muito próximos e oferecemos, como família, uma oração de ação de graças. Sou grata pela unidade da nossa família sob a liderança espiritual de Scott.

Como é doce estar em casa, na Igreja Católica Romana! E que privilégio tem sido refletir sobre as nossas vidas e compartilhar como o Senhor guiou nossos passos para ele e para sua Igreja. Como diz o salmista: "Memoráveis são suas obras maravilhosas: o Senhor é clemente e misericordioso" (Sl 110, 4). Que Nosso Senhor, com sua abundante misericórdia, nos capacite, a cada dia, para nos entregarmos mais plenamente a ele.

A família Hahn. Julho de 1993.

CONCLUSÃO

Chamado aos católicos para que sejam cristãos bíblicos (e vice-versa)

Acabamos de contar a nossa história. Para encerrar, queremos agradecer a Deus por sua graça e misericórdia. Também queremos compartilhar rapidamente o desafio que Deus pôs diante de nós, em sua Palavra.

Aos nossos irmãos e irmãs católicos, queremos encorajá-los e desafiá-los a conhecer a fé católica, que lhes foi confiada como uma herança sagrada. Pelo seu próprio bem — e dos outros — estudem-na de modo a conhecer *o que crêem* e *por que crêem.* Leiam as Escrituras diariamente. Elas são a palavra de Deus, inspiradas e inequívocas, escritas para vocês, tal como a Igreja Católica tem ensinado consistentemente nos últimos tempos, em especial, no Concílio Vaticano II. Creiam naquilo que lêem na Palavra, compartilhem-na, rezem com ela, memorizem-na. Mergulhem nela como em uma banheira de água morna! Aprendam-na muito bem para que possam vivê-la mais plenamente — e compartilhá-la com mais alegria. Eis o caminho para tornar a sua fé contagiante. Precisamos de mais católicos contagiantes!

Além da Bíblia, peguem um exemplar do Catecismo da Igreja Católica e leiam-no com profundidade — do começo ao fim — ao menos uma vez. Isto é indispensável para implementar os ensinamentos do Vaticano II. De fato, é o "ponto chave para o Concílio". E, quando estiverem imersos nesse estudo, por que não soprar a poeira do exemplar dos Documentos do Vaticano II (vocês têm um, certo?) e, então, passar algumas semanas revigorando o verdadeiro "espírito do Concílio", extraído diretamente dos textos. O Vaticano II clamou por renovação, mas a resposta a esse chamado foi adiada. Ela se dará assim que os católicos em geral — como eu e você — derem esses passos básicos. Não é tão difícil assim; qualquer um pode fazê-lo!

A mensagem mais importante do Vaticano II — sem dúvida — é seu "chamado universal à santidade". Significa, basicamente, que todos os católicos — não somente sacerdotes e religiosos — são chamados a ser santos. Isto exige que cada um de nós priorize ao máximo a oração, a oração *diária*. Como americanos, freqüentemente nos descobrimos "ocupados demais" para desenvolver e manter uma vida interior; mas, como católicos, sabemos que isso é absolutamente essencial — antes de tudo. Façam um "plano de vida" próprio, colocando a oração na agenda. Pode parecer fácil, mas às vezes é bastante difícil — embora não tão difícil quanto uma vida afastada da oração diária.

Os sacramentos devem formar a base da vida do católico, especialmente a eucaristia. Nada podemos por nós mesmos. Cristo sabia disso; foi por isso que ele instituiu os sacramentos — para nos dar sua própria vida e poder divinos. Devemos cuidar para não receber os sacramentos de maneira negligente. Eles não são meios mágicos ou mecânicos de nos santificarmos: eles exigem fé e esforço pessoal. O católico não pode passar pela liturgia eucarística como um automóvel passa pelo lava-jato. Simplesmente não funciona assim. A graça não é algo que é *feito* para nós; é a vida sobrenatural da Trindade profundamente enraizada em nossas almas, de modo que Deus possa fazer sua morada em nós. Esta é a aliança que somos chamados a viver, como irmãos e irmãs, na família católica de Deus. Cristo é o alimento para nossas almas; não passemos fome.

Os católicos que cultivam a oração, o estudo e a vida sacramental devem também se tornar apóstolos ativos onde quer que se encontrem: em casa, no trabalho, no mercado, mas especialmente com a família e os amigos. Nos últimos anos, a Igreja Católica perdeu milhões de seus membros para denominações e organizações fundamentalistas e evangélicas. Tal realidade cria oportunidades novas e empolgantes, não apenas para reconquistar ex-católicos para a Igreja, mas também para mostrar, aos não católicos, como é verdadeiramente a fé católica: baseada na Bíblia e centrada em Cristo.

Para dizer a verdade, muitos desses não católicos nos constrangem. Com a Bíblia em mãos e muito zelo, eles fazem muito mais com menos, se comparados a muitos católicos que têm a plenitude da fé na Igreja, mas que estão famintos e adormecidos. Compartilhamos com eles grande parte da verdade sobre Cristo nas Escrituras, mas o que lhes falta é nada menos do que a presença real e substancial de Cristo na eucaristia. Em palavras mais simples, eles estudam o cardápio, enquanto nós desfrutamos da refeição! E, com muita freqüência, sequer sabemos os ingredientes, então não podemos compartilhar a receita. Será que o Senhor está pedindo demais quando diz aos católicos que façam mais — muito mais — para ajudar nossos irmãos separados a descobrirem o Senhor (que eles amam) no Santíssimo Sacramento? Se não o fizermos, quem o fará?

Também queremos compartilhar este desafio com nossos irmãos e irmãs em Cristo que não são católicos. Com amor e respeito, testemunhamos a fidelidade do nosso Deus à aliança, que, ao longo dos tempos, gerou a família da Igreja Santa, Católica e Apostólica. Paulo se refere a essa Igreja como "a casa de Deus", que é "a coluna e sustentáculo da verdade" (1Tm 3, 15). Este é outro modo de dizer que a família de Deus é divinamente estabelecida e capacitada para proteger a verdade revelada.

Deus gera sua família em uma Igreja. Afinal, como é chamado alguém que gera mais de uma família? De onde eu vim, ele seria chamado de canalha (ou pior); que vergonha se tivéssemos que chamá-lo de "pai". Um pai é glorificado pela unidade de sua família; um homem cai em desgraça quando seus filhos estão separados. A verdadeira unidade implica uma unidade de vida que é vivenciada por meio da identificação da crença com a prática. Tudo isso se aplica à Igreja de Deus: um único e santo Pai é capaz de preservar sua única e santa família — e ele fez isso na Igreja Católica.

É essa a Igreja a respeito da qual Cristo falou: "Construirei a *minha* Igreja". Ela não é *sua*, nem *minha*; ela é de Cristo. Ele é o construtor; nós somos apenas os instrumentos. Valorizar a Igreja, portanto, não é menosprezar Nosso Senhor. A Igreja é a obra dele. Reconhecer a grandeza da Igreja — sua autoridade divina e seu testemunho infalível — é nada menos que engrandecer a obra redentora de Cristo. Por outro lado, rejeitar a autoridade da Igreja e desprezar o seu testemunho — ainda que por um zelo equivocado à honra de Cristo — é desafiar Cristo e a plenitude da sua graça e verdade. Saulo aprendeu essa lição da maneira mais difícil.

A Igreja também é chamada de Corpo Místico de Cristo; o Espírito Santo é a sua alma. Um corpo sem alma é um cadáver; uma alma sem corpo é um fantasma. A Igreja de Cristo não é assim. Mas ela dificilmente poderia ser chamada de corpo se lhe faltasse uma unidade visível. Paulo, neste caso, não a teria chamado de corpo de Cristo, mas simplesmente de sua alma. Mas da alma se espera que anime o corpo, não que flutue por aí sem ele. Quando a alma exerce seu papel, todas as partes e membros do corpo estão vivos e saudáveis. Na Igreja, essas partes e esses membros são chamados de "santos". Os santos irradiam a vida do Espírito Santo no Corpo de Cristo. Este é, portanto, o propósito do Espírito Santo em relação ao corpo visível de Cristo: mantê-lo vivo na verdade e na santidade. É o que ele tem feito por quase dois mil anos; a esse corpo chamamos de Igreja Católica. Não é mero acaso que esses elementos estejam tão estreitamente ligados no Credo dos Apóstolos — "Creio no Espírito Santo, na Santa Igreja Católica, na comunhão dos santos".

No coração dessa visão católica está a Trindade. Deus é uma família eterna de Três Pessoas Divinas:

o Pai, o Filho e o Espírito Santo. A aliança é o que nos permite participar de sua própria vida divina. Para nós, essa vida significa nada menos que a nossa participação enquanto família — como filhos de Deus — na comunhão interpessoal da Trindade. É isso o que os católicos chamam de graça, graça *santificante*. Essa compreensão elevada da graça é a base de cada uma e de todas as crenças católicas distintas. Quer seja Maria, o Papa, os bispos, os santos, quer sejam os sacramentos — tudo é possível pela graça viva e ativa de Deus. A graça divina é o modo como Deus eleva nossa natureza decaída para muito além de si mesma. (A palavra-chave aqui é "além" — não "contra" — já que a graça não destrói a natureza, mas constrói sobre ela: para *curá-la*, *aperfeiçoá-la* e *elevá-la* de modo a participar da vida de Deus). Chamar a Igreja Católica de "família de Deus", portanto, não é uma declaração metafórica, mas uma afirmação metafísica. De fato, é o mistério da nossa fé.

É verdade, Jesus Cristo quer ter um relacionamento pessoal com cada um de nós, como nosso Salvador e Senhor. Mas Jesus quer muito mais do que isso; ele nos quer em aliança com ele. Posso ter um relacionamento pessoal com o vizinho da rua; mas isto não significa que ele queira que eu me mude e compartilhe a casa dele. De modo semelhante, César Augusto se autoproclamou senhor e salvador de todos os seus súditos, mas ele não morreu em uma cruz para transformar seus súditos em seus irmãos e irmãs. Jesus Cristo nos quer participantes da Nova Aliança que ele estabeleceu por meio da sua própria carne e sangue, a mesma aliança que ele renova por meio da Santa Eucaristia. Quando seu sacrifício por nós é atualizado no altar, reunimo-nos à mesa da família para a sagrada refeição que nos torna um. Jesus quer que conheçamos não apenas o Pai e o Espírito Santo, mas sua Santíssima Mãe, bem como todos os seus irmãos e irmãs santos. Ele também quer que vivamos de acordo com a estrutura familiar que ele estabeleceu para a sua Igreja na Terra: o Papa e todos os bispos e padres em comunhão com ele. Venha para casa, para a Igreja estabelecida por Cristo. A Ceia está preparada e o Salvador o chama: "Eis que estou à porta e bato: se alguém ouvir a minha voz e me abrir a porta, entrarei em sua casa e cearemos, eu com ele e ele comigo" (Ap 3, 20).

Scott encontrando o Santo Padre, Papa João Paulo II, pela primeira vez. Ele é apresentado pelo pai de Kimberly, Dr. Jerry Kirk. Janeiro de 1992, no Vaticano.

FICHA CATALOGRÁFICA

Hahn, Scott & Kimberly.
Todos os caminhos levam a Roma:
Nossa jornada até o catolicismo /
Scott & Kimberly Hahn —
Campinas, SP: Ecclesiae, 2022.

ISBN: 978-85-8491-223-0

1. Cristianismo.
2. Cristãos: conversão, testemunhos.
3. Igreja Católica.
I. Título. II. Autor.
CDD — 230 / 248 / 282

ÍNDICES PARA CATÁLOGO SISTEMÁTICO

1. Cristianismo — 230
2. Cristãos: conversão, testemunhos — 248
3. Igreja Católica — 282